MELITE,

OV
LES FAVSSES
LETTRES.

Piece Comique.

Y 1699

A PARIS,

Chez FRANCOIS TARGA, au premier
pillier de la grande Salle du Palais, deuant
les Confultations, au Soleil d'or.

M. DC. XXXIII.
AVEC PRIVILEGE DV ROY.

A
MONSIEVR
DE LIANCOVR.

Melite seroit trop ingratte de re-
chercher vne autre protection que la
vostre, elle vous doibt cet homma-
ge & cette legere recognoissance de tant
d'obligations qu'elle vous a, non qu'elle

ã ij

EPISTRE.

presume par là s'en acquitter en quelque
sorte, mais seulement pour les publier a
toute la France. Quand ie considere le
peu de bruit qu'elle fit à son arriuee à Paris, venant d'vn homme qui ne pouuoit
sentir que la rudesse de son pays, & tellement incognu qu'il estoit aduantageux
d'en taire le nom; quand ie me souuiens,
dy-ie, que ses trois premieres representa-
tions ensemble n'eurent point tant d'af-
fluence que la moindre de celles qui les sui-
uirent dans le mesme hyuer : ie ne puis
rapporter de si foibles commencements
qu'au loisir qu'il falloit au monde pour apprendre que vous en faisiez estat, ny des
progrez si peu attendus qu'à vostre appro-
bation, que chacun se croyoit obligé de sui-
ure apres l'auoir sçeüe. C'est delà, MON-
SIEVR, qu'est venu tout le bon-heur de

EPISRTE.

Melite, & quelques hauts effects qu'elle
ayt produit depuis, celuy dont ie me tiens le
plus glorieux, c'est l'honneur d'estre cogneu
de vous, & de vous pouuoir souuent
asseurer de bouche que ie seray toute ma
vie,

MONSIEVR,

Vostre tres-humble & tres-
obeïssant seruiteur,

CORNEILLE.

AV LECTEVR·

IE ſçay bien que l'impreſſion d'vne piece en affoiblit la reputation, la publier c'eſt l'auilir, & meſmes il s'y rencontre vn particulier deſaduantage pour moy, veu que ma façon d'eſcrire eſtant ſimple & familiere, la lecture fera prendre mes naïfuetés pour des baſſeſſes. Auſſi beaucoup de mes amis m'ont touſiours conſeillé de ne rien mettre ſoubs la preſſe, & ont raiſon, comme ie croy, mais par ie ne ſçay quel malheur c'eſt vn conſeil que reçoiuent de tout le monde ceux qui eſcriuent, & pas vn d'eux ne s'en ſert. Ronſard, Malherbe & Theophile l'ont meſpriſé, & ſi ie ne les puis imiter en leurs graces, ie les veux du moins

imiter en leurs fautes, si c'en est vne que de
faire imprimer. Ie contenteray par là deux
sortes de personnes, mes amis, & mes en-
uieux, donnant aux vns dequoy se diuertir,
aux autres dequoy censurer; & i'espere que
les premiers me conserueront encor la mesme affection qu'ils m'ont tesmoignée par
le passé, que des derniers, si beaucoup
font mieux, peu reussiront plus heureuse-
ment, & que le reste fera encore quelque sorte d'estime de ceste piece, soit par coustume
de l'approuuer, soit par honte de se desdire.
En tout cas, elle est mon coup d'essay, &
d'autres que moy ont interest à la deffendre, puisque si elle n'est pas bonne, celles qui
sont demeurées au dessoubs, doiuent estre
fort mauuaises.

ARGVMENT·

Raſte amoureux de Melite l'a faict co-
gnoiſtre à ſon amy Tirſis, & deuenu
puis apres ialoux de leur bâtiſe, fait rendre des lettres d'amour ſuppoſées de la
part de Melite à Philandre, accordé
Cloris ſœur de Tirſis. Philandre s'eſtant reſolu parl'artifice & les ſuaſions d'Eraſte de quitter Cloris pour
Melite, monſtre ces lettres à Tirſis. Ce pauure amant
en tombe en deſeſpoir, & ſe retire chez Liſis, qui vient
donner a Melite de fauſſes allarmes de ſa mort. Elle ſe
paſme à cette nouuelle, & teſmoignant par là ſon affection, Liſis la deſabuſe, & fait reuenir Tirſis qui l'eſpouſe. Cependant Cliton ayant veu Melite paſmée la
croit morte, & en porte la nouuelle à Eraſte, auſſi bien
que de la mort de Tirſis. Eraſte ſaiſi de remords entre
en folie, & remis en ſon bon ſens par la Nourrice de
Melite, dont il apprend qu'elle & Tirſis ſont viuants,
il luy va demander pardon de ſa fourbe, & obtient de
ces deux amans Cloris qui ne vouloit plus de Philandre
apres ſa legereté.

Priuilege du Roy.

LOVIS par la grace de Dieu Roy de Frãce & de Nauarre. A nos amez & feaux Conseillers les gens tenans nos Cours de Parlements de Paris, Roüen, Toulouze, Bordeaux, Rennes, Aix, Dijon, Grenoble, Preuost dudit Paris, Seneschaux de Lyon, Poictou, Anjou, Baillifs, Preuosts & tous autres nos Iusticiers & officiers qu'il appartiendra, Salut. Nostre bien amé François Targa Marchand Libraire de noftre bonne ville Paris, nous a fait remonftrer qu'il a nouuellement recouuré vn Liure intitulé *Melite, où les fausses Lettres. Piece Comique*, faicte par Me Pierre Corneille Aduocat en noftre Cour de Parlement de Roüen, qu'il defireroit faire imprimer & mettre en vente: mais il craint qu'apres les frais qu'il luy conuient faire pour la perfection dudit œuure, quelques autres Libraires ou Imprimeurs ne fe vouluffent ingerer de les imprimer & vendre; & par ce moyen le fruftrer des fraiz de fon trauail. Nous requerant tres-humblement ledit expofant luy vouloir fur ce

ẽ

pouruoir de nos lettres neceſſaires. A CES CAVSES, inclinans à la ſupplication dudit expoſant luy auons permis par ces preſentes de faire Imprimer vendre & diſtribuer ledit œuure en telle marge caractere & volume qu'il aduiſera bon eſtre, le temps de dix ans conſecutifs, à compter du iour & datte qu'il ſera acheué d'imprimer, Faiſant pour cét effet tres-expreſſes inhibitions & deffenſes à tous Libraires & Imprimeurs de noſtre Royaume, & à toutes perſonnes de quelque qualité & condition qu'elles ſoyent d'imprimer ou faire imprimer vendre ou diſtribuer ledit œuure dans ledit temps, ſans le congé dudit expoſant, ſur peine aux contreuenans de trois cens liures d'amende & confiſcation des exemplaires qui ſe trouueront imprimez & mis en vente au preiudice des preſentes : Voulons en outre qu'en mettant au commencement ou à la fin dudit œuure autant de ceſdites preſentes ou extraict d'icelles, qu'elles ſoyent tenuës pour ſignifiées & venuës à la cognoiſſance de tous, A la charge de mettre deux exemplaires dudit œuure en noſtre Bibliotheque gardée aux Cordeliers de noſtre bonne ville de Paris, auant les mettre en lumiere ſuyuant noſtre reglement, à peine d'eſtre decheu du preſent Priuilege. SI VOVS MANDONS que dudit preſent Priuilege vous faciez iouyr plainement & paiſiblement ledit expoſant, & au premier noſtre Huiſſier ou Sergent ſur ce requis faire pour l'execution deſdites preſentes tous exploits requis & neceſſaires, ſans demander congé placet viſa ne pareatis, & nonobſtant Clameur de Haro, Chartre Normande, priſe à partie

& lettres à ce contraires. CAR tel eſt noſtre plaiſir. DONNE' à ſainct Germain en Laye le dernier iour de Ianuier mil ſix cens trente-trois, Et de noſtre regne le vingt-troiſieſme. Signé, Par le Roy en ſon Conſeil. DAVDIGVIER. Et ſellée du grand ſceau de cire iaune ſur ſimple queuë.

Acheué d'Imprimer pour la premiere fois, le douZiéme iour de Feurier mil ſix cens trente-trois.

LES ACTEVRS.

ERASTE. Amoureux de Melite.

TIRSIS. Amy d'Eraste, & son riual.

PHILANDRE. Amant de Cloris.

MELITE. Maistresse d'Eraste & de Tirsis.

CLORIS. Sœur de Tirsis.

LISIS. Amy de Tirsis.

LA NOVRRICE. De Melite,

CLITON. Voisin de Melite,

MELITE.

MELITE,

OV LES FAVSSES LETTRES.

ACTE PREMIER

SCENE PREMIERE.

ERASTE. TIRSIS.

ERASTE.

Army tant de rigueurs n'eſt-ce pas choſe
    eſtrange
Que rien n'eſt aſſez fort pour me reſoudre
    au change?
Jamais vn pauure amant ne fut ſi mal traicté,
Et iamais vn amant n'eut tant de fermeté:

A

Melite a ſur mes ſens vne entiere puiſſance,
Si ſa rigueur m'aigrit, ce n'eſt qu'en ſon abſence,
Et i'ay beau meſnager dans vn eſloignement
Vn peu de liberté pour mon reſſentiment,
Vn ſeul de ſes regards l'eſtouffe, & le diſſipe,
Vn ſeul de ſes regards me ſeduit & me pipe,
Et d'vn tel aſcendant maiſtriſe ma raiſon,
Que ie cheris mon mal, & fuy ma gueriſon:
Son œil agiſſ moy d'vne vertu ſi forte
Qu'il r'a   ſoudain mon eſperance morte,
Combat le   plaiſirs de mon cœur irrité,
Et ſouſtient mon amour contre ſa cruauté:
Mais ce flateur eſpoir qu'il reiette en mon ame,
N'eſt rie qu'vn vent qui ſouffle, & r'alume ma flame,
Et reculant touſiours ce qu'il ſemble m'offrir
Me fait plaire en ma peine, & m'obſtine à ſouffrir.

TIRSIS.

Que ie te trouue, amy, d'vne humeur admirable,
Pour paroiſtre eloquent tu te feins miſerable,
Eſt-ce à deſſein de voir auec quelles couleurs
Ie ſçaurois adoucir les traits de tes malheurs?
Ne t'imagine pas que deſſus ta parole
D'vne fauſſe douleur vn amy te conſole,
Ce que chaqu'vn endit ne m'a que trop appris
Que Melite pour toy n'eut iamais de meſpris.

ERASTE.

Son gracieux accueil, & ma perseuerance
Font naistre ce faux bruit d'vne vaine apparence,
Ses desdains sont cachez, encor que continus,
Et d'autant plus cruels que moins ils sont connus.

TIRSIS.

En estant bien receu du reste que t'importe?
C'est tout ce que tu veux des filles de sa sorte

ERASTE.

Cét accez fauorable, ouuert, & libre à tous
Ne me faict pas trouuer mon martyre plus doux,
Sa hantise me perd, mon mal en deuient pire,
Veu que loin d'obtenir le bon-heur où i'aspire
Parler de mariage à ce cœur de rocher
C'est l'vnique moyen de n'en plus approcher.

TIRSIS.

Ne dissimulons point, tu regles mieux ta flame,
Et tu n'es pas si fou que d'en faire ta femme.

ERASTE.

Quoy? tu sembles douter de mes intentions?

TIRSIS.

Ie croy malaisément que tes affections

Arreſtent en vn lieu ſi peu conſiderable
D'vne chaſte moitié le choix inuariable :
Tu ſerois inciuil de la voir chaque iour
Et ne luy tenir pas quelques propos d'amour,
Mais d'vn vain compliment ta paſſion bornée
Laiſſe aller tes deſſeins ailleurs pour l'Hymenée ;
Tu ſçais qu'on te ſouhaitte aux plus riches maiſons
Ou de meilleurs partis

ERASTE.

Treſue de ces raiſons,
Mon amour s'en offence, & tiendroit pour ſupplice
D'auoir à prendre aduis d'vne ſale auarice,
Je ne ſçache point d'or capable de mes vœux
Que celuy dont Nature a paré ſes cheueux.

TIRSIS.

Si c'eſt là le chemin qu'en aymant tu veux ſuiure,
Tu ne ſçays guere encor ce que c'eſt que de viure,
Ces viſages d'eſclat ſont bons à cajoler,
C'eſt-là qu'vn ieune oyſeau doit s'apprendre à parler,
I'ayme à remplir de feux ma bouche en leur preſence,
La mode nous oblige à c'eſte complaiſance,
Tous ces diſcours de liure alors ſont de ſaiſon,
Il faut feindre du mal, demander gueriſon,
Donner ſur le Phœbus, promettre des miracles,
Jurer qu'on briſera toutes ſortes d'obſtacles,

Mais du vent & cela doiuent estre tout vn.

ERASTE.

Passe pour des beautez qui soient dans le commun,
C'est ainsi qu'autresfois i'amusay Crisolite,
Mais c'est d'autre façon qu'on doit seruir Melite,
Malgré tes sentimens il me faut accorder
Que le souuerain bien gist à la posseder :
Le iour qu'elle nasquit, Venus quoy qu'immortelle
Pensa mourir de honte en la voyant si belle,
Les Graces, au seiour qu'elles faisoient aux Cieux,
Prefererent l'honneur d'accompagner ses yeux,
Et l'Amour, qui ne pût entrer dans son courage,
Voulut à tout le moins loger sur son visage.

TIRSIS.

Te voyla bien en train, si ie veux t'escouter
Sur ce mesme ton là tu m'en vas bien conter.
Pauure amant, ie te plains, qui ne sçais pas encore
Que bien qu'vne beauté merite qu'on l'adore,
Pour en perdre le goust on n'a qu'à l'espouser.
Vn bien qui nous est deu se faict si peu priser,
Qu'vne femme fust-elle entre toutes choisie,
On en voit en six mois passer la fantaisie,
Tel au bout de ce temps la souhaite bien loing,
La beauté n'y sert plus que d'vn fant asque soing
A troubler le repos de qui se formalise,
S'il aduient qu'à ses yeux quelqu'vn la galantise :

Ce n'eſt pluslors qu'vn ayde à faire vn fauory,
Vn charme pour tout autre, & non pour vn mary.

ERASTE.

Ces caprices honteux, & ces chimerꝭ vaines
Ne ſçauroient esbranler des ceruelles bien ſaines,
Et quiconque a ſceu prendre vne fille d'honneur
N'a point à redouter l'appas d'vn ſuborneur.

TIRSIS.

Peut-eſtre dis tu vray, mais ce choix difficile
Aſſez, & trop ſouuent trompe le plus habile,
Et l'Hymen de ſoy meſme eſt vn ſi lourd fardeau
Qu'il faut l'apprehender à l'eſgal du tombeau.
S'attacher pour iamais au coſté d'vne femme!
Perdre pour des enfans le repos de ſon ame,
Quand leur nombre importun accable la maiſon!
Ah! qu'on ayme ce ioug auec peu de raiſon!

ERASTE.

Mais il y faut venir, c'eſt en vain qu'on recule,
C'eſt en vain que l'on fuit, toſt ou tard on s'y bruſle,
Pour libertin qu'on ſoit, on s'y trouue attrapé;
Toy meſme qui fais tant le cheual eſchapé
Vn iour nous te verrons ſonger au mariage.

TIRSIS.

Alors ne penſe pas que i'eſpouſe vn viſage,

Je regle mes desirs suiuant mon interest,
Si Doris me vouloit, toute laide qu'elle est
Ie l'estimerois plus qu' Aminthe , & qu' Hypolite,
Son reuenu chez moy tiendroit lieu de merite :
C'est comme il faut aymer, l'abondance des biens
Pour l'amour conjugal a de puissans liens,
La beauté, les attraits, le port, la bonne mine,
Eschauffent bien les draps, mais non pas la cuisine,
Et l'Hymen qui succede à ces folles amours
Pour quelques bonnes nuits, a bien de mauuais iours ;
Une amitié si longue est fort mal asseurée
Dessus des fondements de si peu de durée :
C'est assez qu'vne femme ayt vn peu d'entregent,
La laideur est trop belle estant teinte en argent.
Et tu ne peux trouuer de si douces caresses,
Dont le goust dure autant que celuy des richesses.

ERASTE.

Auprez de ce bel œil qui tient mes sens rauis
A peine pourrois-tu conseruer ton aduis.

TIRSIS.

La raison en tous lieux est également forte.

ERASTE.

L'essay n'en couste rien, Melite est à sa porte,
Allons, & tu verras dans ses aymables traits
Tant de charmans appas, tant de diuins attraits,

· Melite
Paroist.

Que tu seras contraint d'aduoüer à ta honte,
Que si ie suis vn fou ie le suis à bon conte.

TIRSIS.

Allons, & tu verras que toute sa beauté
Ne me sçaura tourner contre la verité.

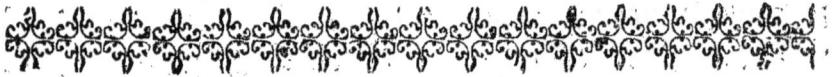

ACTE PREMIER.

SCENE SECONDE.

ERASTE. MELITE. TIRSIS.

ERASTE.

AV peril de vous faire vne Histoire impor-
tune
Ie viens vous racôter ma mauuaise fortune:
Ce ieune caualier autant qu'il m'est amy
Autant est il d'amour implacable ennemy,
Et pour moy, qui depuis que ie vous ay seruie
Ne l'ay pas moins prisé qu'vne seconde vie,

Iugez

Iugez si nos esprits se rapportans si peu
Pouuoient tomber d'accord, & parler de son feu ;
Ie me suis donc picqué contre sa mesdisance
Auec tant de malheur, ou tant d'insuffisance,
Que les droits de l'amour bien que pleins d'equité
N'ont peu se garantir de sa subtilité,
Et ie l'amêne à vous n'ayant plus que respondre,
Asseuré que vos yeux le sçauront mieux confondre.

MELITE.

Vous deuiez l'asseurer plustost qu'il trouueroit
En ce mespris d'amour qui le seconderoit.

TIRSIS.

Si le cœur ne desdit ce que la bouche exprime
Et ne fait de l'amour vne meilleure estime,
Ie plains les malheureux a qui vous en donnez
Comme a d'estranges maux par leur sort destinez.

MELITE.

Ce reproche sans cause inopiné m'estonne,
Ie ne reçoy d'amour, & n'en donne à personne,
Les moyens de donner ce que ie n'eus iamais ?

ERASTE.

Il vous sont trop aisez & par vous desormais
La nature pour moy monstre son iniustice
A peruertir son cours pour croistre mon supplice.

B

MELITE.

Supplice imaginaire & qui sent son mocqueur.

ERASTE.

Supplice qui deschire, & mon ame & mon cœur.

MELITE.

D'ordinaire on n'a pas auec si bon visage
Ny l'ame ny le cœur en vn tel esquipage.

ERASTE.

Vostre diuin aspect suspendant mes douleurs
Mon visage du vostre emprunte les couleurs.

MELITE.

Faites mieux, pour finir vos maux & vostre flame
Empruntez tout d'vn temps les froideurs de mon ame.

ERASTE.

Vous voyant les froideurs perdent tout leur pouuoir,
Et vous n'en conseruez qu'a faute de vous voir.

MELITE.

Et quoy! tous les miroirs ont ils de fausses glaces?

ERASTE.

Penseriez-vous y voir la moindre de vos graces?

De si fresles sujets ne sçauroient exprimer
Ce qu'amour dans les cœurs peut luy seul imprimer,
Et quand vous en voudrez croire leur impuissance,
Encor ceste legere, & foible cognoissance
Que vous aurez par eux de tant de raretez,
Vous mettra hors du pair de toutes les beautez.

MELITE.

Voila trop vous tenir dans une complaisance
Que vous deussiez quitter du moins en ma presence,
Et ne dementir pas le rapport de vos yeux
Affin d'auoir suiect de m'entreprendre mieux.

ERASTE.

Le rapport de mes yeux aux despens de mes larmes
Ne m'a que trop appris le pouuoir de vos charmes.

TIRSIS.

Sur peine d'estre ingrate il faut de vostre part
Recognoistre les dons que le Ciel vous depart.

ERASTE.

Voyez que d'un second mon droit se fortifie.

MELITE.

Mais plustost son secours fait voir qu'il s'en deffie.

B ij

TIRSIS.

Ie me range touſiours auec la verité.

MELITE.

Si vous la voulez ſuiure, elle eſt de mon coſté.

TIRSIS.

Oüy ſur voſtre viſage, & non en vos paroles:
Mais ceſſes de chercher ces refuites friuoles,
Et prenant deſormais des ſentimens plus doux
Ne ſoyez plus de glace a qui bruſle pour vous.

MELITE.

Vn ennemy d'amour me tenir ce langage!
Accordez voſtre bouche auec voſtre courage,
Pratiquez vos conſeils, ou ne m'en donnez pas.

TIRSIS.

I'ay recognu mon tort aupres de vos appas,
Il vous l'auoit bien dit.

ERASTE.

      Ainſi ma prophetie
Eſt, à ce que ie voy, de tout point reüßie.

TIRSIS.

Si tu pouuois produire en elle vn meſme effet
Croy moy, que ton bonheur ſeroit bien toſt parfait.

MELITE.

Pour voir si peu de chose aussi tost vous desdire
Me donne a vos despens de beaux sujet de rire,
Mais outre qu'il m'est doux de m'entendre flatter
Ma mere qui m'attend m'oblige a vous quitter,
Excusez ma retraicte.

ERASTE.

Adieu belle inhumaine,
De qui seule despend, & mon aise & ma peine.

MELITE.

Plus sage à l'aduenir quittez ces vains propos,
Et laissez vostre esprit & le mien en repos.

ACTE PREMIER.

SCENE TROISIESME.

ERASTE. TIRSIS.

ERASTE.

Aintenant suis-ie vn foû ? meritay-ie du blasme ?
Que dis-tu de l'obiect, que dis-tu de ma flame ?

TIRSIS.

Que veux-tu que i'en die ? elle a ie ne sçay quoy
Qui ne peut consentir que l'on demeure à soy :
Mon cœur iusqu'à present à l'amour inuincible
Ne se maintient qu'à force aux termes d'insensible,
Tout autre que Tircis mourroit pour la seruir.

ERASTE.

Confesse franchement qu'elle a sceu te rauir,
Mais que tu ne veux pas prendre pour ceste belle
Auec le nom d'amant le tiltre d'infidelle.

Rien que noſtre amitié ne t'en peut deſtourner;
Mais ta Muſe du moins s'en lairra ſuborner,
N'eſt-il pas vray Tirſis, deſia tu la diſpoſes
A de puiſſans efforts pour de ſi belles choſes?

TIRSIS.

En effect ayant veu tant & de tels apas,
Que ie ne rime point, ie ne le promets pas.

ERASTE.

Garde auſſi que tes feux n'outrepaſſent la rime.

TIRSIS.

Si ie bruſle iamais ie veux bruſler ſans crime.

ERASTE.

Mais ſi ſans y penſer tu te trouuois ſurpris?

TIRSIS.

Quitte pour deſcharger mon cœur dans mes eſcrits.
I'ayme bien ces diſcours de plaintes, & d'allarmes,
De ſouſpirs, de ſanglots, de tourmens & de larmes,
C'eſt dequoy fort ſouuent ie baſty ma chanſon,
Mais i'en cognoy, ſans plus, la cadence & le ſon.
Souffre qu'en vn Sonnet, ie m'efforce a deſpeindre
Cet agreable feu que tu ne peux eſteindre,

Tu le pourras donner comme venant de toy.

ERASTE.

Ainſi ce cœur d'acier qui me tient ſous ſa loy
Verra ma paſſion pour le moins en peinture.
Ie doute neantmoins qu'en ceſte portraicture
Tu ne ſuiues pluſtoſt tes propres ſentimens.

TIRSIS.

Me prepare le Ciel de nouueaux chaſtimens,
Si iamais ce penſer entre dans mon courage.

ERASTE.

Adieu, ie ſuis content, i'ay ta parolle en gage,
Et ſçay trop que l'honneur t'en fera ſouuenir.

TIRSIS ſeul.

En matiere d'amour rien n'oblige a tenir,
Et les meilleurs amis lors que ſon feu les preſſe
Font bientoſt vanité d'oublier leur promeſſe.

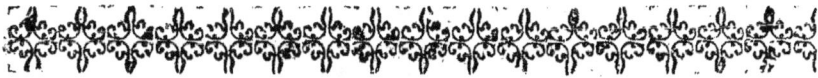

ACTE PREMIER.

SCENE QVATRIESME.

PHILANDRE. CLORIS.

PHILANDRE.

E meure, mon foucy, tu dois bien me haïr,
Tous mes foings depuis peu ne vont qu'à te
trahir.

CLORIS.

Ne m'efpouuente-point, à ta mine ie penfe
Que le pardon fuiura de fort prés cefte offence
Si toft que i'auray fceu quel eft ce mauuais tour.

PHILANDRE.

Sçache donc qu'il ne vient finon de trop d'amour.

CLORIS.

I'euffe ofé le gager qu'ainfi par quelque rufe
Ton crime officieux porteroit fon excufe:

C

Mais n'importe, sçachons.

PHILANDRE.

Ton bel œil mon vainqueur
Faict naistre châque iour tant de feux en mon cœur,
Que leur exceZ m'accable, & que pour m'en deffaire
Ie recherche par ou tu me pourras desplaire,
I'examine ton teint dont l'esclat me surprit,
Les traits de ton visage, & ceux de ton esprit,
Mais ie n'en puis trouuer vn seul qui ne me plaise.

CLORIS.

Et moy dans mes deffauts encor suis-ie bien ayse
Qu'ainsi tes sens trompez, te forcent desormais
A cherir ta Cloris, & ne changer iamais.

PHILANDRE.

Ta beauté te respond de ma perseuerance,
Et ma foy qui t'en donne vne entiere asseurance.

CLORIS.

Voyla fort doucement dire que sans ta foy
Ma beauté ne pourroit te conseruer à moy.

PHILANDRE.

Ie traitterois mal vne telle maistresse
De l'aymer seulement pour tenir ma promesse,

Ma passion en est la cause, & non l'effet:
Outre que tu n'as rien qui ne soit si parfaict,
Qu'on ne peut te seruir sans voir sur ton visage
Dequoy rendre constant l'homme le plus volage.

CLORIS.

Tu m'en vas tant conter de ma perfection,
Qu'à la fin i'en auray trop de presomption.

PHILANDRE.

S'il est permis d'en prendre à l'esgal du merite,
Tu n'en sçaurois auoir qui ne soit trop petite.

CLORIS.

Mon merite est si peu

PHILANDRE.

       Tout-beau, mon cher soucy,
C'est me des-obliger que de parler ainsy.
Nous deuons viure ensemble auec plus de franchise:
Ce refus obstiné d'vne loüange acquise
M'accuseroit enfin de peu de iugement,
D'auoir tant pris de peine, & souffert de tourment,
Pour qui ne valoit pas l'offre de mon seruice.

CLORIS.

A trauers tes discours si remplis d'artifice

C ij

Ie defcouure le but de ton intention,
C'eſt que te deffiant de mon affection
Tu la veux acquerir par vne flatterie?
Philandre, ces propos ſentent la mocquerie,
Vne fauſſe loüange eſt vn blâme ſecret,
Eſpargne moy de grace , & ſonge plus diſcret
Qu'eſtant belle à tes yeux plus outre ie n'aſpire.

PHILANDRE.

Que tu ſçais dextrement adoucir mon martyre !
Mais parmy les plaiſirs qu'auec toy ie reſſens
A peine mon eſprit oſe croire à mes ſens,
Touſiours entre la crainte, & l'eſpoir en balance,
Car s'il faut que l'amour naiſſe de reſſemblance
Mes imperfections nous eſloignant ſi fort
Qu'oſerois-ie pretendre en ce peu de rapport?

CLORIS.

Du moins ne pretens pas qu'à preſent ie te loüe,
Et qu'vn meſpris ruſé que ton cœur deſaduoüe
Me mette ſur la langue vn babil affeté
Pour te rendre à mon tour ce que tu mas preſté:
Au contraire, ie veux que tout le monde ſçache
Que ie cognois en toy des deffauts que ie cache ,
Quiconque auec raiſon peut eſtre negligé
A qui le veut aymer eſt bien plus obligé.

PHILANDRE.

Quant à toy tu te crois de beaucoup plus aymable ?

CLORIS.

Sans doute, & qu' aurois-tu qui me fust comparable ?

PHILANDRE.

Regarde dans mes yeux, & recognoy qu'en moy
On peut voir quelque chose aussi beau comme toy.

CLORIS.

C'est sans difficulté m'y voyant exprimée.

PHILANDRE.

Quitte ce vain orgueil dont ta veuë est charmée,
Tu n'y vois que mon cœur qui n'a plus un seul trait
Que ceux qu'il a receus de ton divin portrait
Et qui tout aussi tost que tu t'és faict paroistre
Affin de te mieux voir, s'est mis à la fenestre.

CLORIS.

Dois-ie prendre cecy pour de l'argent comptant ?
Oüy Philandre, & mes yeux t'en vont monstrer au-
tant
Nos brasiers tous pareils ont mesmes estincelles.

PHILANDRE.

Ainsi chere Cloris nos ardeurs mutuelles
Dedans ceste vnion prenant vn mesme cours
Nous preparent vn heur qui durera tousiours,
Cependant vn baiser accordé par aduance
Soulageroit beaucoup ma penible souffrance.

CLORIS.

Prens-le sans demander, poltron, pour vn baiser
Crois-tu que ta Cloris te voulust refuser?

ACTE PREMIER.

SCENE DERNIERE.

TIRSIS. PHILANDRE. CLORIS.

TIRSIS.

Il les fur-
prend fur
ce baifer.

Oy la traitter l'amour iuftement bouche
à bouche,
C'eft par où vous alliez commencer
l'efcarmouche?
Encore n'eft-ce pas trop mal paffé fon temps.

PHILANDRE.

Que t'en femble Tircis?

TIRSIS.

Je vous voy fi contens,
Qu'à ne vous rien celer touchant ce qu'il me femble
Du diuertiffement que vous preniés enfemble,
Ie penfe ne pouuoir vous eftre qu'importun,
Vous feries mieux vn tiers, que d'en accepter vn.

CLORIS.

Dy ce que tu voudras, nos feux n'ont point de crimes
Et pour t'apprehender ils font trop legitimes,
Puis qu'vn Hymen facré promis ces iours paffez,
Sous ton confentement les authorife affez.

TIRSIS.

Où ie te cognois mal, où fon heure tardiue
Te def-oblige fort de ce qu'elle n'arriue,
Cefte legere amorce irritant tes defirs
Fait que l'illufion d'autres meilleurs plaifirs
Vient la nuit chatoüiller ton efperance auide,
Mal fatisfaicte apres de tant mafcher à vuide.

CLORIS.

Ta belle humeur te tient, mon frere,

TIRSIS.

Affeurément.

CLORIS.

Le fubject?

TIRSIS.

I'en ay trop dans ton contentement.

CLORIS.

CLORIS.

Le cœur t'en dit d'ailleurs.

TIRSIS.

Il est vray, ie te iure,
I'ay veu ie ne sçay quoy.

CLORIS.

D'y-le, ie t'en coniure.

TIRSIS.

Ma foy si ton Philandre auoit veu de mes yeux,
Tes affaires ma sœur, n'en iroient gueres mieux.

CLORIS.

I'ay trop de vanité pour croire que Philandre
Trouue encor apres moy qui puisse le surprendre.

TIRSIS.

Tes vanitez, à part repose t'en sur moy,
Que celle que i'ay veuë est bien autre que toy.

PHILANDRE.

Parle mieux de l'obiect dont mon ame est rauie,
Ce blaspheme a tout autre auroit cousté la vie.

D

TIRSIS.

Nous tōberons d'accord sans nous mettre en pourpoint.

CLORIS.

Encor ceste beauté ne la nomme-t'on point?

TIRSIS.

Non pas si tost, adieu, ma presence importune
Te laisse à la mercy d'amour, & de la brune.
Continuez les ieux que i'ay. . . .

CLORIS.

                                    Tout-beau gausseur,
Ne t'imagine point de contraindre vne sœur,
N'importe qui l'esclaire en ces chastes caresses
Et pour te faire voir des preuues plus expresses,
Qu'elle ne craint en rien ta langue, ny tes yeux,
Philandre d'vn baiser scelle encor tes adieux.

PHILANDRE.

Ainsi vienne bien tost ceste heureuse iournée
Qui nous donne le reste en faueur d'Hymenée.

TIRSIS.

Sa nuit est bien plustost ce que vous attendez,
Pour vous recompenser du temps que vous perdez.

Fin du premier Acte.

ACTE II.

❀

SCENE PREMIERE.

ERASTE.

E l'auois bien preueu que ceste ame infi-
    delle
Ne se deffendroit point des yeux de ma
    cruelle,
Qui traitte mille amans auec mille mef-
    pris,
Et n'a point de faueurs que pour le dernier pris:
Mesmes des leur abordie leus sur son visage
De sa desloyauté l'infaillible presage,
Un incognu frisson dans mon corps espandu
Me donna les aduis de ce que i'ay perdu;

                            D ij

Mais helas ! qui pourroit gauchir sa destinée.
Son immuable loy dans le ciel burinée
Nous fait si bien courir apres nostre malheur
Que i'ay donné moy-mesme accez à ce voleur,
Le perfide qu'il est me doit sa cognoissance,
C'est moy qui l'ay conduit, & mis en sa puissance,
C'est moy qui l'engageant à ce froid compliment
Ay ietté de mes maux le premier fondement.
Depuis ceste volage euite ma rencontre,
Où si malgré ses soings le hazard me la monstre,
Si ie puis l'aborder, son discours se confond,
Son esprit en desordre à peine me respond,
Vne reflection vers le traistre qu'elle ayme
Presques à tous momens le raméne en luy-mesme
Et tout resueur qu'il est, il n'a point de soucis
Qu'vn souspir ne trahisse au seul nom de Tirsis
Lors par le prompt effect d'vn changement estrange
Son silence rompu se desborde en loüange,
Elle remarque en luy tant de perfections,
Que les moins aduisez verroient ses passions,
Sa bouche ne se plaist qu'en ceste flatterie,
Et tout autre propos luy rend sa resuerie.
Cependant châque iour au babil attachez
Ils ne retiennent plus leurs sentimens cachez,
Ils ont des rendez-vous : où l'amour les assemble,
Encor hier sur le soir ie les surpris ensemble,

Encor tout de nouueau ie la voy qui l'attend :
Que cét œil asseuré marque vn esprit content.
Sus donc perds tout respect, & tout soing de luy plaire,
Et rends dessus le champ ta vengeance exemplaire.
Non il vaut mieux s'en rire, & pour dernier effort
Luy monstrer en raillant combien elle à de tort.

ACTE SECOND.

SCENE SECONDE.

ERASTE MELITE.

ERASTE.

Voy? seule & sans Tirsis? vrayment c'est
    vn prodige,
Et ce nouuel amant desia trop vous ne-
    glige,
Laissant ainsi couler la belle occasion
De vous conter l'excez de son affection.

MELITE.

Vous sçauez que son ame en est fort despourueuë.

ERASTE.

Toutesfois, ce dit-on, depuis qu'il vous a veuë,
Ses chemins par icy s'adressent tous les iours,
Et ses plus grands plaisirs ne sont qu'en vos discours.

MELITE.

Est-ce n'est pas aussi sans cause qu'il les prise,
Puis qu'outre que l'amour comme luy ie mesprise,
Sa froideur que redouble vn si lourd entretien
Le resout d'autant mieux a n'aymer iamais rien.

ERASTE.

Dites à n'aymer rien que la belle Melite.

MELITE

Pour tant de vanité i'ay trop peu de merite.

ERASTE.

En faut-il tant auoir pour ce nouueau venu?

MELITE.

Vn peu plus que pour vous.

ERASTE.

De vray, i'ay recognu,
Vous ayant peu seruir deux ans & d'auantage,
Qu'il faut si peu que rien à toucher mon courage.

MELITE.

Encor si peu que c'est vous estant refusé,
Presumez comme ailleurs vous serez mesprisé.

ERASTE.

Vos mespris ne sont pas de grande consequence,
Et ne vaudront iamais la peine que i'y pense,
Sçachant qu'il vous voyoit, ie m'estois bien douté
Que ie ne serois plus que fort mal escouté.

MELITE.

Sans que mes actions de plus prés i'examine,
A la meilleure humeur ie fay meilleure mine,
Et s'il m'osoit tenir de semblables discours,
Nous romprions ensemble auät qu'il fust deux iours.

ERASTE.

Si châque obiect nouueau de mesme vous engage,
Il ne tardera guere à changer de langage,
Caressé maintenant aussi tost qu'apperceu
Qu'auroit-il à se plaindre estant si bien receu.

MELITE.

Eraste, voyez-vous, tresue de ialousie,
Purgez vostre cerueau de ceste frenaisie,
Laissez en liberté mes inclinations,
Qui vous à fait censeur de mes affections ?
Vrayment, c'est bien à vous que i'en dois rendre conte.

ERASTE.

Aussi i'ay seulement pour vous vn peu de honte

Qu'on

Qu'on murmure par tout du trop de priuauté,
Que desià vous souffrez à sa temerité.

MELITE.

Ne soyez en soucy que de ce qui vous touche.

ERASTE.

Le moyen sans regret de vous voir si farouche
Aux legitimes vœux de tant de gens d'honneur,
Et d'ailleurs si facile à ceux d'vn suborneur?

MELITE.

Ce n'est pas contre luy qu'il faut en ma presence
Lascher les traits ialoux de vostre médisance.
Adieu, souuenez-vous que ces mots insensez
L'aduanceront chés moy plus que vous ne pensez.

E

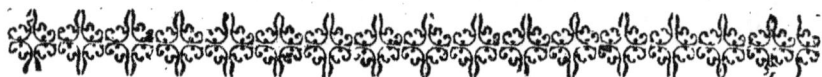

ACTE SECOND.

SCENE TROISIESME.

ERASTE.

'Est-là donc ce qu'enfin me gardoit ta ma-
lice ?
C'est ce que i'ay gagné par deux ans de ser-
uice ?
C'est ainsi que mon feu s'estant trop abaißé
D'vn outrageux mespris se voit recompensé ?
Tu me preferes donc vn traistre qui te flatte ?
Inconstante beauté, lasche, perfide, ingratte
De qui le choix brutal se porte au plus mal faict,
Tu l'estimes à faux, tu verras à l'effect
Par le peu de rapport que nous auons ensemble
Qu'vn honneste hõme et luy n'ont riẽ qui se ressemble.
Que dis-ie, tu verras ? il vaut autant que mort,
Ma valeur, mon despit, ma flame en sont d'accord,
Il suffit, les destins bandez à me desplaire
Ne l'arracheroient pas à ma iuste cholere.
Tu demordras pariure, et ta desloyauté
Maudira mille fois sa fatale beauté.

Si tu peux te resoudre à mourir en braue homme,
Dés demain vn cartel, l'heure, & le lieu te nomme.
Insensé que ie suis! helas, ou me reduit
Ce mouuement boüillant dont l'ardeur me seduit!
Quel transport déreglé! quelle estrange eschappée!
Auec vn affronteur mesurer mon espée!
C'est bien contre vn brigand qu'il me faut hasarder,
Contre vn traistre qu'à peine on deuroit regarder,
Luy faisant trop d'honneur moy-mesme ie m'abuse,
C'est contre luy qu'il faut n'employer que la ruse:
Il fut tousiours permis de tirer sa raison
D'vne infidelité par vne trahison:
Vy doncques desloyal, vy, mais en asseurance
Que tout va desormais tromper ton esperance,
Que tes meilleurs amys s'armeront contre toy,
Et te rendront encor plus malheureux que moy.
J'en sçay l'inuention qu'vn voisin de Melite
Executera trop aussi tost que prescrite.
Pour n'estre qu'vn maraut, il est assez subtil.

ACTE SECOND

SCENE QVATRIESME.

ERASTE. CLITON.

ERASTE.

Olà ! hau vieil amy.

CLITON.

Monſieur que vous plaiſt-il ?

ERASTE.

Me voudrois-tu ſeruir en quelque bonne affaire ?

CLITON.

Dans vn empeſchement fort extraordinaire
Ie ne puis m'eſloigner vn ſeul moment d'icy,

ERASTE.

Va tu n'y perdras rien, & d'auance voicy

Vne part des effects qui suyuent mes paroles.

CLITON.

Allons, malaisement gaigne-t'on dix pistoles.

ACTE SECOND.

SCENE CINQVIESME.

TIRSIS. CLORIS.

TIRSIS.

M A sœur, vn mot d'aduis sur vn meschant sonnet
Que ie viens de broüiller dedans mon ca-
binet.

CLORIS.

C'est a quelque beauté que ta Muse l'adresse?

TIRSIS.

En faueur d'vn amy ie flatte sa maistresse,

Voy si tu le cognois, & si parlant pour luy
I'ay sceu m'accommoder aux passions d'autruy.

SONNET.

Pres l'œil de Melite il n'est rien d'admirable.

CLORIS.

Ha frere, il n'en faut plus.

TIRSIS.

Tu n'es pas supportable
De me rompre si tost.

CLORIS.

C'estoit sans y penser,
Acheue.

TIRSIS.

Tay-toy donc, ie vay recommencer.

SONNET.

Pres l'œil de Melite il n'eſt rien d'admirable,
il n'eſt rien de ſolide apres ma loyauté,
Mon feu comme ſon teint ſe rend in-
comparable,
Et ie ſuis en amour, ce qu'elle eſt en beauté.

Quoy que puiſſe a mes ſens offrir la nouueauté,
Mon cœur a tous ſes traits demeure invulnerable :
Et bien qu'elle ait au ſien la meſme cruauté,
Ma foy pour ſes rigueurs n'en eſt pas moins durable.

C'eſt donc auec raiſon que mon extréme ardeur
Trouue chez ceſte belle vne extréme froideur,
Et que ſans eſtre aymé ie bruſle pour Melite :

Car de ce que les Dieux nous enuoyant au iour
Donnerent pour nous deux d'amour, & de merite,
Elle a tout le merite, & moy i'ay tout l'amour.

CLORIS.

Tu l'as faict pour Eraste?

TIRSIS.

Oüy, i'ay dépeint sa flame.

CLORIS.

Comme tu la ressens peut estre dans ton ame?

TIRSIS.

Tu sçais mieux qui ie suis, & que ma libre humeur
N'a de part en mes vers que celle de rimeur.

CLORIS.

Pauure frere, vois-tu, ton silence t'abuse,
De la langue, où des yeux, n'importe qui t'accuse,
Les tiens m'auoient bien dit, malgré toy que ton cœur
Souspiroit sous les loix de quelque obiect vainqueur,
Mais i'ignorois encor qui tenoit ta franchise,
Et le nom de Melite a causé ma surprise
Si tost qu'au premier vers ton sonnet m'a fait voir
Ce que depuis huict iours ie bruslois de sçauoir.

TIRSIS.

Tu crois donc que i'en tiens?

CLORIS.   *Fort auant.*

TIRSIS.

TIRSIS.

Pour Melite ?

CLORIS.

Pour Melite, & de plus que ta flame n'excite
Dedans ceste maistresse aucun embrasement.

TIRSIS.

Qui t'en a tant appris ? mon Sonnet ?

CLORIS.

Iustement.

TIRSIS.

Et c'est ce qui te trompe auec tes coniectures,
Et par ou ta finesse a mal pris ses mesures,
Vn visage iamais ne m'auroit arresté
S'il falloit que l'amour fust tout de mon costé.
Ma rime seulement est vn portrait fidelle
De ce qu'Eraste souffre en seruant ceste belle
Mais quand ie l'entretiens de mon affection
I'en ay tousiours assez de satisfaction.

CLORIS.

Monstre, si tu dis vray, quelque peu plus de ioye,
Et rends toy moins resueur a fin que ie te croye.

F

TIRSIS.

Ie resue, & mon esprit ne s'en peut exempter,
Car si tost que ie viens à me representer,
Qu'vne vieille amitié de mon amour s'irrite,
Qu'Eraste m'en retire, & s'oppose à Melite,
Tantost ie suis amy, tantost ie suis riual,
Et tousiours balancé d'vn contrepoids esgal
I'ay honte de me voir insensible, ou perfide,
Si l'amour m'enhardit, l'amitié m'intimide,
Entre ces mouuemens mon esprit partagé
Ne sçait duquel des deux il doit prendre congé.

CLORIS.

Voyla bien des destours pour dire au bout du conte
Que c'est contre ton gré que l'amour te surmonte ;
Tu presumes par là me le persuader,
Mais ce n'est pas ainsi qu'on m'en baille à garder,
A la mode du temps, quand nous seruons quelqu'autre,
C'est seulement alors qu'il n'y va rien du nostre,
Vn chacun à soy-mesme est son meilleur amy
Et tout autre interest ne touche qu'à demy.

TIRSIS.

Que du foudre à tes yeux i'esprouue la furie,
Si rien que ce riual cause ma resuerie.

CLORIS.

C'est donc asseurement son bien qui t'est suspect,
Son bien te faict resuer, & non pas son respect,
Et toute amitié bas, tu crains que sa richesse
En despit de tes feux n'emporte ta maistresse.

TIRSIS.

Tu deuines, ma sœur, cela me fait mourir.

CLORIS.

Vaine frayeur pourtant dont ie veux te guerir.

TIRSIS.

M'en guerir !

CLORIS.

    Laisse faire, Eraste sert Melite,
Non pas ? mais depuis quand ?

TIRSIS.

     Depuis qu'il la visite
Deux ans se sont passez.

CLORIS.

     Mais dedans ses discours
Parle-t'il d'espouser ?

        F ij

TIRSIS.

Oüy presque tous les iours.

CLORIS.

Donc sans l'apprehender poursuy ton entreprise,
Auecque tout son bien Melite le mesprise,
Puis qu'on voit sans effet deux ans d'affection,
Tu ne dois plus douter de son auersion,
Le temps ne la rendra que plus grande & plus forte,
On prend au premier bond les hommes de sa sorte,
De crainte que la longue ils n'esteignent leur feu.

TIRSIS.

Mais il faut redouter vne mere.

CLORIS.

Aussi peu.

TIRSIS.

Sa puissance pourtant sur elle est absolue.

CLORIS.

Ouy mais desia l'affaire en seroit resolue
Et ton riual auroit dequoy se contenter
Si sa mere estoit femme à la violenter.

TIRSIS.

Pour de si bons aduis il faut que ie te baise,
Mais si ie t'abandonne excuse mon trop d'aise,
Auec ceste lumiere & ma dexterité
I'en veux aller sçauoir toute la verité.
Adieu.

CLORIS.

Moy ie m'en vay dans le logis attendre
Le retour desiré du paresseux Philandre,
Un baiser refusé luy fera souuenir
Qu'il faut vne autre fois tarder moins à venir.

ACTE SECOND.

SCENE SIXIESME.

ERASTE. CLITON.

ERASTE.

*Il 'baille
vne lettre
à Cliton.*

Ours viste chez Philandre , & dy luy que
   Melite
A dedans ce papier sa passion descrite,
Dy luy que sa pudeur ne sçauroit plus ca-
   cher

Un feu qui la consomme, & qu'elle tient si cher :
Mais prens garde sur tout à bien iouër ton roolle,
Remarque sa couleur, son maintien, sa parolle,
Voy si dans la lecture vn peu d'esmotion
Ne te monstrera rien de son intention.

CLITON.

Cela vaut faict Monsieur.

ERASTE.

      Mais auec ton message
Tasche si dextrement de tourner son courage
Que tu viennes à bout de sa fidelité.

CLITON.

Monsieur reposez-vous sur ma subtilité
Il faudra malgré luy qu'il donne dans le piege
Ma teste sur ce point vous seruir a de pleige
Mais aussi, vous sçauez,

ERASTE.

Ouy, va, sois diligent, *Cliton rentre.*

Ces ames du commun font tout pour de l'argent
Et sans prendre interest au dessein de personne
Leur seruice, & leur foy sont à qui plus leur donne,
Quand ils sont éblouys de ce traistre metal
Ils ne distinguent plus le bien d'auec le mal,
Le seul espoir du gain regle leur conscience, *Cliton ressort brusquement.*
Mais tu reuiens bien tost, est ce faict?

CLITON.

Patience,
Monsieur, en vous donnant vn moment de loisir
Il ne tiendra qu'a vous d'en auoir le plaisir.

ERASTE.

Comment?

CLITON.

De ce carfour i'ay veu venir Philandre,
Cachez-vous en ce coing, & de la sçachez prendre

Phila ndre
paroiſt, &
Eraſte ſe
cache.

L'occaſion commode à ſeconder mes coups,
Par là nous le tenons, le voicy, ſauueʒ-vous.

ACTE SECOND

SCENE SEPTIESME.

PHILANDRE. ERASTE. CLITON.

PHILANDRE.

Velle reception me fera ma maiſtreſſe?
Le moyen d'excuſer vne telle pareſſe?

CLITON.

Monſieur, tout a propos ie.vous rencontre icy
Expreſſement chargé de vous rendre cecy.

PHILANDRE.

Qu'eſt-ce?

CLITON.

Vous alleʒ voir en liſant ceſte lettre
Ce

Ce qu'vn homme iamais ne s'oseroit promettre,
Ouurez-la seulement.

PHILANDRÉ.

Tu n'es rien qu'vn conteur.

CLITON.

Ie veux mourir au cas qu'on me trouue menteur.

LETTRE SVPPOSEE
DE MELITE A PHILANDRE.

Algré le deuoir & la bien-seance du sexe, celle-cy m'eschappe en faueur de vos merites ; pour vous apprendre que c'est Melite qui vous escrit, & qui vous ayme. Si elle est assez heureuse pour receuoir de vous vne reciproque affection, contentez-vous de cét entretien par lettres, iusques à ce qu'elle ait osté de l'esprit de sa mere quelques personnes qui n'y sont que trop bien pour son contentement.

G

ERASTE.

C'eſt donc la verité que la belle Melite
Fait du braue Philandre vne loüable elite,
Et qu'il obtient ainſi de ſa ſeule vertu
Ce qu' Eraſte, & Tirſis ont en vain debatu?
Vrayment dans vn tel choix mon regret diminue,
Outre qu'vne froideur depuis peu ſuruenue
Portoit nos deux eſprits a s'entrenegliger,
Si bien que ie cherchois par ou m'en deſgager.

PHILANDRE.

Me dis-tu que Tirſis bruſle pour cette belle?

ERASTE.

Il en meurt.

PHILANDRE.

Ce courage a l'amour ſi rebelle?

ERASTE.

Luy-meſme.

PHILANDRE.

Si ton feu commence a te laſſer,
Pour vn ſi bon amy tu peux y renoncer,

Sinon, pour mon regard ne cesse de pretendre,
Estant pris vne fois ie ne suis plus a prendre,
Tout ce que ie puis faire a son brasier naissant
C'est de le reuancher par vn Zele impuissant,
Et ma Cloris la prie afin de s'en distraire
De tourner ce qu'elle a de flame vers son frere.

ERASTE

Aupres de sa beauté qu'est-ce que ta Cloris ?

PHILANDRE.

Vn peu plus de respect pour ce que ie cheris.

ERASTE.

Ie veux qu'elle ayt en soy quelque chose d'aymable,
Mais la peux tu iuger a l'autre comparable?

PHILANDRE.

Soit comparable, ou non, ie n'examine pas
Si des deux l'vne ou l'autre a plus ou moins d'appas,
I'ay promis d'aymer l'vne, & c'est ou ie m'arreste.

ERASTE.

Aduise toutefois, le pretexte est honneste.

PHILANDRE.

I'en serois mal voulu des hommes & des Dieux.

F ij

ERASTE.

On pardonne aisément à qui trouue son mieux

PHILANDRE.

Mais en quoy gist ce mieux ?

ERASTE.

Ce mieux gist en richesse,

PHILANDRE.

O le sale motif à changer de maistresse !

ERASTE.

En amour.

PHILANDRE.

Ma Cloris m'ayme si cherement
Qu'vn plus parfaict amour ne se void nullement.

ERASTE.

Tu le verras assez, si tu veux prendre garde
A ce qu'à ton subiect l'vne & l'autre hasarde,
L'vne en t'aymant s'expose au peril d'vn mespris,
L'autre ne t'ayme point que tu n'en sois espris.
L'vne t'ayme engagé vers vne autre moins belle
L'aure se rend sensible à qui n'ayme rien qu'elle :

L'vne au desceu des siens te monstre son ardeur,
Et l'autre apres leur choix quitte vn peu sa froideur:
L'vne

PHILANDRE.

Adieu, des raisons de si peu d'importance
N'ont rien qui soit bastant, d'esbranler ma constance
Dans deux heures d'icy tu viendras me reuoir

CLITON.

Disposez librement de mon petit pouuoir.

ERASTE seul.

Il a beau desguiser il a gousté l'amorce,
Cloris desia sur luy n'a presque plus de force,
Ainsi ie suis deux fois vangé du rauisseur
Ruinant tout ensemble & le frere & la sœur.

Il dit ce dernier vers cõme à l'oreille de Cliton, & r'entre tous deux chacun de leur costé.

SCENE DERNIERE.

TIRSIS. ERASTE. MELITE.

TIRSIS.

E Raſte, arreſte vn peu.

ERASTE.
Que me veux tu?

TIRSIS.
Te rendre

a Elle paroiſt au trauers d'vne ialouſie, & dit ces vers cependant qu'Eraſte lit le Sonnet tout bas.

Ce Sonnet que pour toy ie promis d'entreprendre.

MELITE. a
Que font ils là tous deux ? qu'ont ils a deſmeſler ?
Ce ialoux a la fin le pourra quereller,
Du moins les complimens dont peut eſtre il ſe iouent
Sont des ciuilitez qu'en l'ame ils deſaduouent.

b Il monſtre du doigt, la fin de ſon Sonnet a Eraſte.

TIRSIS. b
J'y donne vne raiſon de ton ſort inhumain
Allons ie le veux voir preſenter de ta main
A ce diuin objet dont ton ame eſt bleſſée.

c Foignāt de luy rēdre ſon Sonnet. il le fait choir & Tirſis le ramaſſe.

ERASTE. c
Vne autre fois, Tirſis, quelque affaire preſſée
Faict que ie ne ſçaurois pour l'heure m'en charger,
Tu trouueras ailleurs vn meilleur meſſager.

TIRSIS ſeul.
La belle humeur de l'hōme ! ô Dieux ! quel perſonnage !
Quel amy t'auois faict de ce plaiſant viſage !
Vne mine froncée, vn regard de trauers,
C'eſt le remerciment que i'auray de mes vers,
Je manque à ſon aduis d'aſſeurance, ou d'adreſſe
Pour les donner moy-meſme à ſa ieune maiſtreſſe,

Et prendre ainſi le temps de dire à ſa beauté
L'Empire que ſes yeux ont ſur ma liberté.
Ie penſe l'entreuoir par ceſte ialouſie:
Ouy, mon ame de ioye en eſt toute ſaiſie.
Helas! & le moyen de luy pouuoir parler
Si mon premier aſpect l'oblige a s'en aller?
Que d'vn petit coup d'œil l'aiſe m'eſt cher vendue!
Toutesfois tout va bien, la voyla deſcendue,
Ses regards pleins de feux s'entendent auec moy,
Que diſe, en s'auançant elle m'appelle à ſoy.

Melite ſe
retire de
la ialouſie
& deſcēd.

MELITE.

Hé bien qu'auez vous faict de voſtre compagnie?

TIRSIS.

Ie ne puis rien iuger de ce qui l'a bannie,
A peine ay-ie eu loiſir de luy dire deux mots
Qu'auſſi-toſt le fantaſque en me tournant le dos,
S'eſt eſchappé de moy.

MELITE.

Sans doute il m'aura veuë,
Et c'eſt de la que vient ceſte fuite impourueuë.

TIRSIS.

Vous aymant comme il, faict, qui l'euſt iamais penſé?

MELITE.

Vous ne ſçauez donc rien de ce qui s'eſt paſſé?

TIRSIS.

I'aymerois beaucoup mieux ſçauoir ce qui ſe paſſe,
Et la part qu'à Tircis en voſtre bonne grace.

MELITE.

Meilleure aucunement qu'Eraſte ne voudroit.
Ie n'ay iamais cognu d'amant ſi mal adroit,

Il ne sçauroit souffrir qu'autre que luy m'approche,
Dieux ! qu'à vostre sujet il m'a fait de reproche !
Vous ne sçauriez me voir sans le desobliger.

TIRSIS.

Et de tous mes soucis, c'est là le plus leger,
Toute vne legion de riuaux de sa sorte
Ne diuertiroit pas l'amour que ie vous porte,
Qui ne craindra iamais les humeurs d'vn ialoux.

MELITE.

Aussi le croit il bien ou ie me trompe.

TIRSIS.

Et vous ?

MELITE.

Bien que ce soit vn heur, ou pretendre ie n'ose
Pour luy faire despit i'en croiray quelque chose.

TIRSIS.

Mais a fin qu'il receust vn entier desplaisir
Il faudroit que nos cœurs n'eussent plus qu'vn desir,
Et quitter ces discours de volontez subjetes
Qui ne sont point de mise en l'estat ou vous estes,
                                        Consultez

Consultez seulement auecques vos appas,
Songez à leurs effets, & ne presumez pas
Auoir sur tout le monde vn pouuoir si supresme
Sans qu'il vous soit permis d'en vser sur vous-mesme;
Vn si digne subjet ne reçoit point de loy,
De regle, n'y d'aduis d'vn autre que de soy.

MELITE.

Ton merite plus fort que ta raison flatteuse
Me rend, ie le confesse, vn peu moins scrupuleuse,
Ie dois tout à ma mere, & pour tout autre amant
Ie m'en voudrois remettre à son commandement:
Mais attendre pour toy l'effect de sa puissance
Sans te rien tesmoigner que par obeissance,
Tirsis ce seroit trop, tes rares qualitez,
Dispensent mon deuoir de ces formalitez.

TIRSIS.

Souffre donc qu'vn baiser cueilly dessus ta bouche
M'asseure entierement que mon amour te touche.

MELITE.

Ma parole suffit.

TIRSIS.

Ha! i'entends bien que c'est,
Vn peu de violence en t'excusant te plaist.

H

MELITE.

Folaſtre, i'ayme mieux abandonner la place,
Car tu ſçays deſrober auec ſi bonne grace
Que bien que ton larcin me faſche infiniment
Ie ne puis rien donner à mon reſſentiment.

TIRSIS.

Auparauant l'adieu reçoy de ma conſtance
Dedans ce peu de vers l'eternelle aſſeurance.

MELITE.

Garde bien ton papier, & penſe qu'auiourd'huy
Melite veut te croire autant & plus que luy.

TIRSIS.

Il luy cou-
le le Son-
net dans
le ſein
comme
elle le deſ-
robe.

Par ce refus mignard qui porte vn ſens contraire
Ton feu m'inſtruit aſſez de ce que ie doy faire.
O ciel, ie ne croy pas que ſous ton large tour
Vn mortel eut iamais tant d'heur, ny tant d'amour.

Fin du Second Acte.

ACTE III.

❊

SCENE PREMIERE.

PHILANDRE.

T U l'as gaigné Melite, il ne m'est plus
  possible
D'estre à tant de faueurs desormais in-
  sensible,
Tes lettres ou sans fard tu dépeins ton
  esprit,
Tes lettres ou ton cœur est si bien par escrit
Ont charmé tous mes sens de leurs douces promesses,
Leur attente vaut mieux, Cloris, que tes caresses:
Ha Melite, pardon, ie t'offence à nommer
Celle qui m'empescha si long temps de t'aymer.
Souuenirs importuns d'vne amante laissée
Qui venez malgré moy remettre en ma pensée

Un portrait que i'en veux tellement effacer,
Que le sommeil ait peine à me le retracer
Hastez vous de sortir sans plus troubler ma ioye
Et retournant trouuer celle qui vous enuoye
Dites luy de ma part pour la derniere fois
Qu'elle est en liberté de faire vn autre choix
Que ma fidelité n'entretient plus ma flame,
Ou que s'il m'en demeure encor vn peu dans l'ame,
Je souhaite en faueur de ce reste de foy
Qu'elle puisse gaigner au change autant que moy:
Dites luy de ma part, que depuis que le monde
Du milieu du Chaos tira sa forme ronde,
C'est la premiere fois que ces vieux ennemis
Le change, & la raison sont deuenus amis
Dites luy que Melite ainsi qu'vne Deesse
Est de tous nos desirs souueraine maistresse,
Dispose de nos cœurs force nos volontez,
Et que par son pouuoir nos destins surmontez,
Se tiennent trop heureux de prendre l'ordre d'elle,
En fin que tous mes vœux

ACTE TROISIESME.

SCENE SECONDE.

TIRSIS. PHILANDRE.

TIRSIS.

Hilandre.

PHILANDRE.

Qui m'appelle ?

TIRSIS.

Tirsis dont le bon-heur au plus haut point monté,
Ne peut estre parfaict sans te l'auoir conté.

PHILANDRE.

Tu me fais trop d'honneur en ceste confidence.

TIRSIS.

J'vserois enuers toy d'vne sotte prudence
Si ie faisois dessein de te dissimuler
Ce qu'aussi bien mes yeux ne sçauroient te celer.

H iij

PHILANDRE.

En effect , si l'on peut te iuger au visage,
Si l'on peut par tes yeux lire dans ton courage,
Ie ne croiray iamais qu'à force de reser
Au subject de ta ioye on le puisse trouuer,
Rien' atteint ce me semble aux signes qu'ils en dõnent.

TIRSIS.

Que fera le sujet si les signes t'estonnent ?
Mon bon heur est plus grand qu'on ne peut soupçonner,
C'est quand tu l'auras sceu qu'il faudra t'estonner.

PHILANDRE.

Ie ne le sçauray pas sans marque plus expresse.

TIRSIS.

Possesseur autant vaut

PHILANDRE.

Dequoy?

TIRSIS.

D'vne maistresse,
Belle, honneste, gentille, & dont l'esprit charmant
De son seul entretien peut rauir vn amant,
En vn mot de Melite.

MELITE.

PHILANDRE.

Il eſt vray qu'elle eſt belle,
Tu n'as pas mal choiſi, Mais

TIRSIS.

Quoy mais ?

PHILANDRE.

T'ayme t'elle ?

TIRSIS.

Cela n'eſt plus en doute.

PHILANDRE.

Et de cœur ?

TIRSIS.

Et de cœur,
Ie te n reſponds.

PHILANDRE.

Souuent vn viſage mocqueur
N'a que le beau ſemblant d'vne mine Hipocrite.

TIRSIS.

Ie ne crains pas cela du coſté de Melite.

PHILANDRE.

Escoute, i'en ay veu de toutes les façons.
I'en ay veu qui sembloient n'estre que des glaçons
Dont le feu gourmandé par vne adroite feinte
S'alumoit d'autant plus qu'il souffroit de contrainte:
I'en ay veu, mais beaucoup, qui sous le faux appas
Des preuues d'vn amour qui ne les touchoit pas
Prenoient du passetemps d'vne folle ieunesse
Qui se laisse affiner à ces traits de souplesse
Et pratiquoient sous-main d'autres affections,
Mais i'en ay veu fort peu de qui les passions
Fussent d'intelligence auecques le visage.

TIRSIS.

Et de ce petit nombre est celle qui m'engage,
De sa possession ie me tiens aussi seur
Que tu te peux tenir de celle de ma sœur.

PHILANDRE.

Doncques si ta raison ne se trouue deceuë
Ces deux amours auront vne pareille issuë?

TIRSIS.

Si cela n'arriuoit ie me tromperois fort

PHILAN-

PHILANDRE.

Pour te faire plaisir, i'en veux estre d'accord,
Cependant apprends moy comment elle te traite,
Et qui te fait iuger son amour si parfaite.

TIRSIS.

Vne parfaite amour a trop de truchemens
Par qui se faire entendre aux esprits des amans
Vn clin d'œil, vn souspir,

PHILANDRE.

     Ces choses ridicules,
Ne seruent qu'à piper des ames trop credules
N'as tu rien que cela?

TIRSIS.

     Sa parolle, & sa foy.

PHILANDRE.

Encor c'est quelque chose, acheue & conte moy
Les douceurs que la belle à toute autre farouche
T'a laissé desrobber sur ses yeux, sur sa bouche,
Sur sa gorge, ou, que sçay ie?

TIRSIS.

     Ah, ne presume pas
Que ma temerité profane ses appas,

Et quand bien i'aurois eu tant d'heur, ou d'insolence,
Ce secret estouffé dans la nuit du silence
N'eschapperoit iamais à ma discretion.

PHILANDRE.

Quelque lettres du moins pleines d'affection
Tesmoignent son ardeur?

TIRSIS.

    Ces foibles tesmoignages
D'vne vraye amitié sont d'inutiles gages,
Ie n'en veux, & n'en ay point d'autre que sa foy.

PHILANDRE.

Ie sçay donc bien quelqu'vn plus aduancé que toy.

TIRSIS.

Plus aduancé que moy? i'entends qui tu veux dire,
Mais il n'a garde d'estre en estat de me nuire,
Ce n'est pas d'auiourd'huy qu'Eraste à son congé.

PHILANDRE.

Celuy dont ie te parle, est bien mieux partagé.

TIRSIS.

Ie ne sçache que luy, qui souspire pour elle.

PHILANDRE.

Ie ne te tiendray point plus long temps en ceruelle,
Pendant qu'elle t'amuſe auec ſes beaux diſcours
Un riual incognu poſſede ſes amours,
Et la diſſimulée, au meſpris de ta flame,
Par lettres châque iour luy faiſt don de ſon ame.

TIRSIS.

De telles trahiſons luy ſont trop en horreur.

PHILANDRE.

Ie te veux par pitié tirer de ceſte erreur,
Tantoſt, ſans y penſer, i'ay trouué ceſte lettre,
Tien, voy ce que tu peux deſormais t'en promettre.

LETTRE SVPPOSEE

DE MELITE A PHILANDRE.

IE commence a m'eſtimer quelque choſe puis que ie vous plais, & mon miroir m'offence tous les iours ne me repreſentant pas aſſez belle comme ie m'imagine qu'il faut eſtre pour meriter voſtre affection. Auſſi la pauure Melite ne la croit poſſeder que par faueur ou, comme vne recompenſe extraordinaire d'vn excez d'amour, dont elle taſche de ſuppléer au defaut des graces que le Ciel luy a refuſées.

PHILANDRE.

Maintenant qu'en dis-tu ? n'eſt-ce pas t'affronter?

TIRSIS.

Cette lettre en tes mains ne peut m'eſpouuanter.

PHILANDRE.

La raiſon ?

TIRSIS.

Le porteur à ſçeu combien ie t'ayme,
Et par vn gentil traict il t'a pris pour moy-meſme,
D'autant que ce n'eſt qu'vn de deux parfaits amis.

PHILANDRE.

Voilà bien te flatter plus qu'il ne t'eſt permis,
Et pour ton intereſt dextrement te meſprendre.

TIRSIS.

On t'en aura donné quelque autre pour me rendre
Afin qu'encor vn coup ie ſois ainſi deceu.

PHILANDRE.

C'eſt par là qu'il t'en plaiſt ? ouy-dà i'en ay receu
Encor vne qu'il faut que ie te reſtitue.

TIRSIS.

Dépesche, ta longueur importune me tue.

✦✦✦✦✦✦✦✦✦✦✦✦✦✦✦

AVTRE LETTRE
SVPPOSEE DE MELITE
A PHILANDRE.

VOus n'auez plus affaire qu'à Tirſis, ie le ſouffre encor, affin que par ſa hantiſe ie remarque plus exactement ſes deffauts, & les face mieux gouſter à ma mere. Apres cela Philandre & Melite auront tout loiſir de rire enſemble des belles imaginations dont le frere & la ſœur ont repeu leurs eſperances.

PHILANDRE.

Te voylà tout reſueur, cher amy, par ta foy
Crois-tu que celle-là s'adreſſe encor à toy?

TIRSIS.

Traiſtre, c'eſt donc ainſi que ma ſœur meſpriſée
Sert à ton changement d'vn ſubiet de riſée,
Qu'à tes ſuaſions Melite oſant manquer
A ce qu'elle a promis ne s'en faict que mocquer,

I iij

Qu'oubliant tes sermens, desloyal, tu subornes
Un amour qui pour moy deuoit estre sans bornes ?
Aduise à te deffendre, un affront si cruel
Ne se peut reparer à moins que d'un duel,
Il faut que pour tous deux ta teste me responde.

PHILANDRE.

Si pour te voir trompé, tu te desplais au monde,
Cherche en ce desespoir qui t'en veuille arracher,
Quant à moy, ton trespas me cousteroit trop cher,
Il me faudroit aprés par une prompte fuite
Esloigner trop long temps les beaux yeux de Melite.

TIRSIS.

Ce discours de bouffon ne me satisfaict pas,
Nous sommes seuls icy, despeschons, pourpoint bas.

PHILANDRE.

Viuons plustost amys, & parlons d'autre chose.

TIRSIS,

T'un'oserois, ie pense,

PHILANDRE.

Il est tout vray, ie n'ose,
Ny mon sang, ny ma vie en peril exposer
Ils ne sont plus a moy, ie n'en puis disposer.

Adieu, celle qui veut qu'à present ie la serue
Merite que pour elle ainſi ie me conserue.

ACTE TROISIESME

SCENE TROISIESME.

TIRSIS.

Voy? tu t'enfuis, perfide, & ta legereté
T'ayant faict criminel, te met en seureté?
Reuien, reuien deffendre vne place vſur-
    pée,
Celle qui te cherit vaut bien vn coup d'eſpée,
Fay voir que l'infidelle en ſe donnant à toy
A faict choix d'vn amant qui valoit mieux que moy,
Souſtien ſon ingement, & ſauue ainſi de blaſme
Celle qui pour la tienne à negligé ma flame
Crois-tu qu'on la merite à force de courir?
Peux-tu m'abandonner ſes faueurs ſans mourir?
Si de les plus garder ton peu d'eſprit ſe laſſe,
Viens me dire du moins ce qu'il faut que i'en faſſe.

Ne t'en veux-tu seruir qu'à me desabuser ?
N'ont elles point d'effect qui soit plus à priser?
O lettres, ô faueurs indignement placées,
A ma discretion honteusement laissées,
O gages qu'il neglige ainsi que superflus,
Ie ne sçay qui des trois vous diffamez le plus,
De moy, de ce perfide, ou bien de sa maistresse,
Car vous nous apprenez quelle est vne traistresse,
Son amant vn poltron, & moy sans iugement
De n'auoir rien preueu de son déguisement.
Mais que par ces transports ma raison est surprise !
Pour ce manque de cœur qu'à tort ie le mesprise !
(Helas ! à mes despens, ie le puis bien sçauoir,)
Quand on a veu Melite on n'en peut plus auoir.
Fuy donc, homme sans cœur, va dire à ta volage
Combien sur ton riual ta fuitte a d'auantage,
Et que ton pied leger ne laisse à ma valeur
Que les vains mouuemens d'vne iuste douleur,
Ce lasche naturel qu'elle faict recognoistre
Ne t'aymera pas moins estant poltron que traistre.
Traistre, & poltron ! voyla les belles qualitez
Qui retiennent les sens de Melite enchantez
Aussi le falloit-il que ceste ame infidelle
Changeant d'affection, prist vn traistre comme elle,
Et la ieune rusée à bien sceu rechercher
Un qui n'eust sur ce point rien à luy reprocher,

Cependant

Cependant que leurré d'vne fausse apparence
Ie repaissois de vent ma friuole esperance.
Mais ie le meritois, & ma facilité
Tentoit trop puissamment son infidelité,
Ie croyois à ses yeux, à sa mine embrasée,
A ces petits larcins pris d'vne force-aisée,
Helas ! & se peut-il que ces marques d'amour
Fussent de la partie en vn si lasche tour ?
Auroit-on iamais veu tant de supercherie
Que tout l'exterieur ne fut que piperie ?
Non non, il n'en est rien, vne telle beauté
Ne fut iamais sujette à la desloyauté :
Foibles, & seuls tesmoins du malheur qui me touche,
Vous estes trop hardis de démentir sa bouche,
Melite me cherit, elle me l'a iuré,
Son oracle receu ie m'en tins asseuré,
Que dites là contre ? estes vous plus croyables ?
Caracteres trompeurs vous me contez des fables,
Vous voulez me trahir, vous voulez m'abuser,
I'ay sa parolle en gage, & de plus vn baiser.
A ce doux souuenir ma flame se r'allume,
Ie ne sçay plus qui croire où d'elle, ou de sa plume,
L'vn & l'autre en effet n'ont rien que de leger
Mais du plus, ou du moins, ie n'en puis que iuger.
C'est en vain que mon feu ces doutes me suggere,
Ie voy trop clairement qu'elle est la plus legere,

K

Les sermens que i'en ay, s'en vont au vent iettez,
Et ses traits de sa plume, icy me sont restez,
Qui dépeignant au vif son perfide courage
Rempliſſent de bon-heur Philandre, & moy de rage,
Oüy i'enrage, ie creue, & tous mes sens troublez.
D'vn excez de douleur ſuccombent accablez,
Vn ſi cruel tourment me geſne, & me déchire
Que ie ne puis plus viure, auec vn tel martyre,
Auſſi ma prompte mort le va bien toſt finir,
Deſia mon cœur outré, ne cherchant qu'à bannir
Cét amour qui l'à fait ſi lourdement meſprendre
Pour luy donner paſſage, eſt tout preſt de ſe fendre
Mon ame par deſpit, taſche d'abandonner
Vn corps que ſa raiſon, ſceut ſi mal gouuerner
Mes yeux iuſqu'à preſent, couuers de mille nues,
S'en vont les diſtiler en larmes continues,
Larmes qui donneront pour iuſte chaſtiment
A leur aueugle erreur, vn autre aueuglement
Et mes pieds qui ſçauoient ſans eux, ſans leur conduite
Comme inſenſiblement me porter chez Melite
Me porteront ſans eux en quelque lieu deſert
En quelque lieu ſauuage à peine deſcouuert,
Ou ma main d'vn poignard acheuera le reſte,
Ou pour ſuyure l'arreſt de mon deſtin funeſte
Ie reſpandray mon ſang, & i'auray pour le moins
Ce foible & vain ſoulas en mourant ſans teſmoins

Que mon trespas secret fera que l'infidelle
Ne pourra se vanter que ie sois mort pour elle.

ACTE TRROISIESME.

SCENE QVATRIESME.

TIRSIS. CLORIS.

CLORIS.

MOn frere en ma faueur retourne sur tes pas,
Dy moy la verité tu ne me cherchois pas
Et quoy ? tu fais semblant de ne me pas co-
gnoistre
O Dieux ! en quel estat, te vois-ie icy paroistre
Tu palis tout à coup, & tes louches regards
S'eslancent incertains presque de toutes pars
Tu manques à la fois, de poulmon & d'haleine
Ton pied mal affermy ne te soustient qu'à peine
Quel accident nouueau te brouille ainsi les sens.

TIRSIS.

Puis que tu veux sçauoir le mal que ie ressens,
Auant que d'assouuir l'inexorable enuie
De mon sort rigoureux qui demande ma vie,

K ij

Ie vay t'affaßiner d'vn fatal entretien,
Et te dire en deux mots mon malheur & le tien.
En nos chaftes amours de nous deux on fe mocque,
Philandre, ah la douleur m'eftouffe & me fuffoque ;
Adieu, ma fœur adieu, ie ne peux plus parler,
Ly, puis fi tu le peux, tafché à te confoler.

CLORIS.

Ne m'efchappe donc pas.

TIRSIS.

      Ma fœur, ie te fupplie,

CLORIS.

Quoy? que ie t'abandonne à ta melancholie?
Non, non, quand i'auray fçeu ce qui te fait mourir,
Si bon me femble alors, ie te lairray courir.

Elle lit les Lettres que Tir-fis luy a-uoit don-nées.

TIRSIS.

Helas! qu'elle iniuftice!

CLORIS·

      Eft-ce-là tout, fantafque?
Quoy? fi la defloyalle enfin leue le mafque
Ofes-tu te fafcher d'eftre defabusé?
Aprends qu'il te faut eftre en amour plus rusé,

Aprends que les discours des filles mieux sensées
Descouurent rarement le fonds de leurs pensées,
Et que les yeux aidans à ce desguisement
Nostre sexe à le don de tromper finement :
Aprends aussi de moy que ta raison s'égare,
Que Melite n'est pas vne piece si rare,
Qu'elle soit seule icy qui vaille la seruir,
Tant d'autres te sçauront en sa place rauir,
Auec trop plus d'attraits que ceste éceruelée
Qui n'a d'ambition que d'estre cajolée
Par les premiers venus qui flatans ses beautez,
Ont assez de malheur pour en estre escoutez.
Ainsi Damon luy pleut, Aristandre, & Geronte,
Eraste apres deux ans n'en a pas meilleur conte,
Elle t'a trouué bon seulement pour huit iours,
Philandre est auiourd'huy l'object de ses amours,
Et peut-estre demain (tant elle ayme le change)
Quelque autre nouueauté le supplante & nous vange.
Ce n'est qu'vne coquette, vne teste à l'esuent,
Dont la langue & le cœur s'accordeut peu souuent,
A qui les trahisons deuiennent ordinaires,
Et dont tous les appas sont tellement vulgaires
Qu'en elle homme d'esprit n'admira iamais rien
Que le subject pourquoy tu luy voulois du bien.

K iij

TIRSIS.

Penses-tu m'amusant auecques des sottises
Par tes detractions rompre mes entreprises
Non, non ces traits de langue espandus vainement
Ne m'arresteroient pas, encor vn seul moment.

ACTE TROISIESME.

SCENE CINQVIESME.

CLORIS.

Mon frere, il s'est sauué, son desespoir l'emporte
Me preserue le Ciel d'en vser de la sorte.
Un volage me quitte, & ie le quitte aussi
Ie l'obligerois trop de m'en mettre en soucy,
Pour perdre des amans celle qui s'en affligent
Donnent trop dauantage a ceux qui les negligent.
Il n'est lors que la ioye, elle nous vange mieux,
Et là fit-on à faux esclatter par les yeux,
C'est tousiours témoigner que leur vaine inconstance
Est pour nous esmouuoir de trop peu d'importance,

Aussi ne veux-ie pas le retenir d'aller
Et si d'autres que moy ne le vont r'appeller
Il vsera ses iours à courtiser Melite
Outre que l'infidelle à si peu de merite
Que l'amour qui pour luy m'esprit si follement
M'auoit faict bonne part de son aueuglement
On encherit pourtant sur ma faute passée
Dans la mesme sottise vne autre embarassée,
Le rend encor pariure, & sans ame, & sans foy
Pour se donner l'honneur de faillir apres moy,
Ie meure s'il n'est vray que la plus part du monde
Sur l'exemple d'autruy se conduit & se fonde,
A cause qu'il parut quelque temps m'enflamer
La pauure fille a creu qu'il valloit bien l'aimer
Et sur ceste croyance elle en a pris enuie,
Luy peut-elle durer iusqu'au bout de sa vie,
Si Melite à failli me l'ayant desbauché
Dieux par là seulement punissez son peché,
Elle verra bien tost quoy qu'elle se propose
Qu'elle n'a pas gaigné, ny moy perdu grand chose
Ma perte me console, & m'esgaye à l'instant
Ha si mon fou de frere en pouuoit faire autant
Qu'en ce plaisant malheur, ie serois satisfaite!
Si ie puis descourir le lieu de sa retraite
Et qu'il me veille croire estaignant tous ses feux
Nous passerons le temps a ne rire que d'eux.

Ie la feray rougir, cette ieune esuentée,
Lors que son escriture à ses yeux presentée
Mettant au iour vn crime estimé si secret,
Elle recognoistra qu'elle ayme vn indiscret.
Ie luy veux dire alors pour aggrauer l'offence,
Qui Philandre auec moy tousiours d'intelligence
Me fait des contes d'elle, & de tous les discours
Qui seruent d'aliment à ses vaines amours,
Si qu'à peine il reçoit de sa part vne lettre,
Qu'il ne vienne en mes mains aussi tost la remettre,
La preuue captieuse, & faite en mesme temps
Produira sur le champ l'effect que i'en attends.

ACTE TROISIESME.

SCENE SIXIESME.

PHILANDRE.

Onc pour l'auoir tenu si long temps en ha-
  leine
Il me faudra souffrir vne eternelle peine,
Et payer desormais auecque tant d'en-
  nuy
Le plaisir que i'ay pris à me ioüer de luy ?
Vit-on iamais amant, dont la ieune insolence
Malmenast vn riual, auec tant d'imprudence ?
Vit-on iamais amant, dont l'indiscretion
Fust de tel preiudice à son affection ?
Les lettres de Melite en ses mains demeurées
En ses mains, autant vaut à iamais esgarées
Ruinent a la fois ma gloire, mon honneur,
Mes desseins, mon espoir, mon repos, & mon heur,

L

Mon trop de vanité tout au rebours succede,
I'ay receu des faueurs, & Tirsis les possede,
Et cét amant trahy conuaincra sa beauté
Par des signes si clairs de sa desloyauté.
C'est mal auec Melite estre d'intelligence
D'armer son ennemy, d'instruire sa vangeance :
Me pourra-t'elle apres regarder de bon œil ?
M'oserois-ie en promettre vn gracieux accueil ?
Non il les faut r'auoir des mains de ce brauache,
Et lauer de son sang ceste honteuse tache,
De force, ou d'amitié, i'en auray la raison,
Ie m'en vay l'affronter iusques dans sa maison,
Et là si ie le trouue, il faudra que sur l'heure
En d'espit qu'il en ayt il les rende, ou qu'il meure.

ACTE TROISIESME.

SCENE SEPTIESME.

PHILANDRE. CLORIS.

PHILANDRE.

 *Irsis.*

CLORIS.

Que luy veux-tu?

PHILANDRE.

Cloris pardonne-moy
Si ie cherche pluſtoſt à luy parler qu'à toy,
Nous auons entre nous quelque affaire qui preſſe.

CLORIS.

Le crois-tu rencontrer hors de chez ſa maiſtreſſe?

PHILANDRE.

Sçais-tu bien qu'il y ſoit?

CLORIS.

Non pas asseurément,
Mais i'ose presumer que l'aymant cherement
Le plus qu'il peut de temps, il le passe chez elle,

PHILANDRE.

Ie m'en vay de ce pas, le trouuer chez la belle,
Adieu, iusqu'au reuoir. Ie meurs de desplaisir.

CLORIS.

Un mot, Philandre, un mot, n'aurois-tu point loisir
De voir quelques papiers, que ie viens de surprendre?

PHILANDRE.

Qu'est-ce qu'au bout du côte, il me pourroiët apprêdre?

CLORIS.

Peut-estre leurs secrets: regarde si tu veux
Perdre un demy-quart-d'heure à les lire nous deux.

PHILANDRE.

Hazard, voyons que c'est, mais viste, & sans demeure,
Ma curiosité pour un demy-quart-d'heure
Se pourra dispenser.

CLORIS.

Mais außi garde-bien
Qu'en discourant ensemble, il n'en descouure rien,
Promets le moy, sinon

PHILANDRE.

Cela s'en va sans dire.
Donne, donne les moy, tu ne les sçaurois lire,
Et nous aurions ainsi besoin de trop de temps;

Il recognoist les lettres & tasche de s'en saisir, mais Cloris les reserre.

CLORIS.

Philandre, tu n'és pas encore ou tu pretends,
Asseure, asseure toy, que Cloris te despite
De les r'auoir iamais que des mains de Melite
A qui ie veux monstrer auant qu'il soit huict iours,
La façon dont tu tiens secrettes ses amours.

Elle luy ferme la porte au nez.

ACTE TROISIESME.

SCENE DERNIERE.

PHILANDRE.

Onfus, defefperé, que faut-il que ie face?
I'ay malheur fur malheur, difgrace fur dif-
grace,
On diroit que le Ciel amy de l'equité
Prend le foing de punir mon infidelité,
Si faut-il neantmoins en defpit de fa haine
Que Tirfis retrouué me tire hors de peine,
Il faut qu'il me les rende, il le faut & ie veux
Qu'vn duel accepté les mette entre nous deux,
Et fi ie fuis alors encores ce Philandre
Par vn deftour fubtil qu'il ne pourra comprendre,
Elles demeureront, le laiffant abufé,
Sinon au plus vaillant, du moins au plus rufé.

ACTE IV.

❧

SCENE PREMIERE.

LA NOVRRICE MELITE.

LA NOVRRICE.

Ette obstination à faire la secrette
M'accuse iniustement d'estre trop peu dis-
   crette.

MELITE.

Vrayment tu me poursuis auec trop de rigueur,
Que te puis-je conter, n'ayant rien sur le cœur?

LA NOVRRICE.

Un chacun faict à l'œil des remarques aisées
Qu'Eraste abandonnant ses premieres brisées,

Pour te mieux tesmoigner son refroidissement
Cherche sa guerison dans vn bannissement,
Tu m'en veux cependant oster la cognoissance :
Mais si iamais sur toy i'eus aucune puissance,
Par ce que tous les iours, en tes affections,
Tu reçois de profit de mes instructions,
Apprends moy ce que c'est.

MELITE.

Et que sçay-ie , Nourrice,
Des fantasques ressorts qui meuuent son caprice ?
Ennuyé d'vn esprit si grossier que le mien,
Il cherche ailleurs peut-estre vn meilleur entretien.

LA NOVRRICE.

Ce n'est pas bien ainsi qu'vn amant perd l'enuie,
D'vne chose deux ans ardemment poursuyuie :
D'asseurance vn mespris l'oblige à se picquer,
Mais ce n'est pas vn traict qu'il faille pratiquer.
Une fille qui voit, & que voit la ieunesse,
Ne s'y doit gouuerner qu'auec beaucoup d'adresse,
Le desdain luy messied, ou quand elle s'en sert,
Que ce soit pour reprendre vn amant qu'elle perd :
Une heure de froideur à propos mesnagée
Rembrase assez souuent vne ame dégagée,
Qu'vn traittement trop doux dispense a des mespris
D'vn bien dont vn desdain faict mieux sçauoir le prix.

Hors

Hors ce cas il luy faut complaire a tout le monde,
Faire qu' aux vœux de tous son visage responde,
Et sans embarasser son cœur de leurs amours
Leur faire bonne mine & souffrir leur discours,
Qu'a part ils pensent tous auoir la preference
Et paroissent ensemble entrer en concurence.
Ainsi lors que plusieurs te parlent a la fois,
En respondant à l'vn, serre à l'autre les doits,
Et si l'vn te desrobbe vn baiser par surprise,
Qu'a l'autre incontinent il soit en belle prise,
Que l'vn & l'autre iuge a ton visage esgal
Que tu caches ta flame au yeux de son riual,
Partage bien les tiens, & sur tout sçache feindre
De sorte que pas vn n'ayt sujet de se plaindre
Qu'ils viuent tous d'espoir iusqu'au choix d'vn mary,
Mais qu'aucun cependant ne soit le plus chery,
Tien bon, & cede enfin, puisqu'il faut que cedes,
A qui payera le mieux le bien que tu possedes.
Si tu n'eusses iamais quitté cette leçon,
Ton Eraste auec toy viuroit d'autre façon.

MELITE.

Ce n'est pas son humeur de souffrir ce partage,
Il croit que mes regards soient son propre heritage,
Et prend ceux que ie donne a tout autre qu'a luy
Pour autant de larcins faicts sur le bien d'autruy.

M

LA NOVRRICE.

I'entends à demy mot, acheue, & m'expedie
Promptement le motif de ceste maladie.

MELITE.

Tirsis est ce motif.

LA NOVRRICE.

Ce ieune caualier!
Son amy plus intime, & son plus familier!
N'a ce pas esté luy qui te l'a faict cognoistre?

MELITE.

Il voudroit que le iour en fust encor à naistre,
Et si dans ce iour d'huy ie l'auois escarté,
Tu verrois dés demain Eraste à mon costé.

LA NOVRRICE.

I'ay regret que tu sois la pomme de discorde,
Mais puisque leur humeur ensemble ne s'accorde,
Eraste n'est pas homme à laisser eschapper,
Vn semblable pigeon ne se peut r'atrapper,
Il a deux fois le bien de l'autre, & dauantage.

MELITE.

Le bien ne touche point vn genereux courage.

LA NOVRRICE.

Tout le monde l'adore, & tasche d'en ioüir.

MELITE.

Il suit un faux esclat qui ne peut m'esbloüir.

LA NOVRRICE.

Auprès de sa splendeur toute autre est trop petite.

MELITE.

Tu te places au rang qui n'est deu qu'au merite.

LA NOVRRICE.

On à trop de merite estant riche à ce point.

MELITE.

Les biens en donnent-il à ceux qui n'en ont point ?

LA NOVRRICE.

Ouy, ce n'est que par là qu'on est considerable.

MELITE.

Mais ce n'est que par là qu'on devient mesprisable :
Vn homme dont les biens font toutes les vertus,
Ne peut estre estimé que des cœurs abbatus.

M ij

LA NOVRRICE.

Est-il quelques deffauts que les biens ne reparent ?

MELITE.

Mais plustost en-est-il où les biens ne preparent ?
Estant riche, on mesprise assez communément.
Des belles qualitez le solide ornement,
Et d'vn riche honteux la richesse suyuie
Souuent par l'abondance aux vices nous conuie.

LA NOVRRICE.

Enfin ie recognois.

MELITE.

Qu'auecque tout son bien,
Vn ialoux dessus moy n'obtiendra iamais rien.

LA NOVRRICE.

Et que d'vn caiolleur la nouuelle conqueste
T'imprime à mon regret ces erreurs dans la teste.
Si ta mere le sçait.

MELITE.

Laisse moy ces soucys,
Et r'entre que ie parle à la sœur de Tirsis,

Je la voy qui de loing me faict signe & m'appelle.

LA NOVRRICE.

Peut-estre elle t'en veut dire quelque nouuelle ?

MELITE.

R'entre sans t'informer de ce qu'elle pretend,
Un meilleur entretien auec elle m'attend.

ACTE QVATRIESME.

SCENE SECONDE.

CLORIS. MELITE.

CLORIS.

E cheris tellement celles de voſtre ſorte,
Et prends tant d'intereſt en ce qui leur im-
　　porte,
Qu'aux fourbes qu'on leur faict ie ne puis
　　conſentir,
N'y meſme en rien ſçauoir ſans les en aduertir.
Ainſi donc au haſard d'eſtre la mal venuë,
Encor que ie vous ſois, peu s'en faut, inconnuë,
Ie viens vous faire voir, que voſtre affection
N'a pas eſté fort iuſte en ſon eſlection.

MELITE.

Vous pourriez ſous couleur de rendre vn bon office
Mettre quelqu'autre en peine auec cét artifice,

Mais pour m'en repentir i'ay faict vn trop beau choix,
Ie renonce à choisir vne seconde fois,
Et mon affection ne s'est point arrestée,
Que chez vn caualier qui la trop meritée.

CLORIS.

Vous me pardonnerez i'en ay de bons tesmoins,
C'est l'homme qui de tous la merite le moins.

MELITE.

Si ie n'auois de luy qu'vne foible asseurance,
Vous me feriez entrer en quelque deffiance,
Mais ie m'estonne fort que vous l'osez blasmer
Veu que pour vostre honneur vous deuez l'estimer.

CLORIS.

Ie l'estimay iadis, & ie l'ayme, & l'estime
Plus que ie ne faisois auparauant son crime,
Ce n'est qu'en ma faueur qu'il ose vous trahir,
Apres cela iugez si ie le peux hair,
Puis que sa trahison m'est vn grand tesmoignage
Du pouuoir absolu que i'ay sur son courage.

MELITE.

Vrayment c'est vn pouuoir dont vous vsez fort mal,
Le poussant à me faire vn tour si desloyal.

CLORIS.

Me le faut-il pousser ou son deuoir l'oblige ?
C'est son deuoir qu'il suit alors qu'il vous neglige.

MELITE.

Quoy ? son deuoir l'oblige à l'infidelité ?

CLORIS.

N'allons point rechercher tant de subtilité,
La parolle donnée, il faut que l'on la tienne.

MELITE.

Cela faict contre vous, il m'a donné la sienne.

CLORIS.

Ouy, mais ayant desia receu mon amitié
Sur vn serment commun d'estre vn iour sa moitié,
Peut-il s'en departir pour accepter la vostre ?

MELITE.

De grace excusez-moy, ie vous prends pour vne autre,
Et c'estoit à Cloris que ie croyois parler.

CLORIS.

Vous ne vous trompez-pas.

MELITE.

MELITE.

Doncques pour me railler,
La sœur de mon amant contrefait ma riuale?

CLORIS.

Doncques pour m'esblouïr, vne ame desloyale
Contrefait la fidelle? ah Melite, sçachez
Que ie ne sçay que trop, ce que vous me caches,
Philandre ma tout dit, vous pensez qu'il vous ayme,
Mais sortant d'auec vous, il me conte luy mesme
Iusqu'aux moindres discours dont vostre passion
Tasche de suborner son inclination.

MELITE.

Moy suborner Philandre! Ha que m'osez vous dire?

CLORIS.

La pure verité.

MELITE.

Vrayment, en voulant rire
Vous passez trop auant, brisons-là, s'il vous plaist,
Ie ne voy point Philandre, & ne sçay quel il est.

CLORIS.

Vous en voulez bien croire, au moins vostre escriture,

N

Tenez, voyez, lisez.

MELITE.

Ha Dieux ? qu'elle imposture !
Iamais vn de ces traits ne partit de ma main,

CLORIS.

Nous pourrions demeurer icy iusqu'à demain
Que vous persisteriez dans la mescognoissance,
Ie les vous laisse, adieu.

MELITE.

Tout-beau, mon innocence
Veut sçauoir parauant le nom de l'imposteur,
Affin que cét affront retombe sur l'autheur.

CLORIS.

Vous voulez m'affiner, mais c'est peine perduë,
Melite, que vous sert de faire l'entenduë ?
La chose estant si claire. à quoy bon la nier ?

MELITE.

Ne vous obstinez point à me calomnier,
Ie veux que si iamais i'ay dit mot à Philandre

CLORIS.

Remettõs ce discours, quelqu'vn vient nous surprẽdre,

C'est le braue Lisis, qui tout triste & pensif
A ce qu'on peut iuger, monstre vn deueil excessif.

ACTE TROISIESME.

SCENE TROISIESME.

LISIS. MELITE. CLORIS.

LISIS. à CLORIS.

Ouuez vous demeurer auprés d'vne per-
sonne
Digne pour ses forfaits que chacun l'a-
bandonne
Quittez ceste infidelle, & venez auec moy,
Plaindre vn frere au cercueil par son manque de foy.

MELITE.

Quoy ? son frere au cercueil ?

LISIS.

Ouy, Tirsis plein de rage

N ij

De voir que voſtre change indignement l'outrage,
Maudiſſant mille foisle deteſtable iour
Que voſtre bon accueil luy donna de l'amour,
Dedans ce deſeſpoir à rendu ſa belle ame.

MELITE.

Helas! ſouſtenez moy, ie n'en puis plus, ie paſme.

CLORIS.

Au ſecours, au ſecours.

ACTE QVATRIESME.

SCENE QVATRIESME.

CLITON. LA NOVRRICE. MELITE.
LISIS. CLORIS.

CLITON.

Où prouient ceſte voix?

LA NOVRRICE.

Qu'auez vous, mes enfans?

CLORIS.

Melite que tu vois.

LA NOVRRICE.

Helas elle se meurt, son teint vermeil s'efface,
Sa chaleur se dissipe, elle n'est plus que glace.

LISIS. à CLITON.

Va querir vn peu d'eau, mais il faut te hastre,

CLITON.

Si proches du logis, il vaut mieux l'y porter.

CLORIS.

Aydez mes foibles pas, les forces me defaillent,
Et ie vay succomber aux douleurs qui m'assaillent.

ACTE QVATRIESME.

❧

SCENE CINQVIESME.

ERASTE.

'La fin ie triomphe, & les destins amys
　Mont donné le succez, que ie m'estois
　　promis,
　Me voyla trop heureux, puis que par mõ
　　adresse,
Melite est sans amant, & Tirsis sans maistresse,
Et comme si c'estoit trop peu pour me vanger,
Philandre & sa Cloris, courent mesme danger,
Mais à qu'elle raison leurs ames des-vnies
Pour les crimes d'autruy seront elles punies?
Que m'ont ils fait tous deux, pour troubler leurs ac-
　cords ?
Fuyez de mon penser inutiles remords,
J'en ay trop de subject de leur estre contraire,

Cloris m'offence trop, estant sœur d'vn tel frere.
Et Philandre si prompt à l'infidelité,
N'a que la peine deuë à sa credulité.
Allons donc sans scrupule, allons voir ceste belle,
Faisons tous nos efforts, à nous r'approcher d'elle,
Et taschons de r'entrer en son affection,
Auant qu'elle ait rien sceu de nostre inuention.
Cliton sort de chez elle.

ACTE QVATRIESME.

SCENE SIXIESME.

ERASTE. CLITON.

ERASTE.

ET bien, que faict Melite?

CLITON.

Monfieur, tout eft perdu, voftre fourbe maudite,
Dont ie fus à regret, le damnable inftrument,
A couché de douleur, Tirfis au monument.

ERASTE.

Courage, tout va bien, le traiftre ma faict place,
Le feul qui me rendoit fon courage de glace,
D'vn fauorable coup, la mort me là raui.

CLITON.

CLITON.

Monsieur, ce n'est pas tout, Melite l'a suiuy.

ERASTE.

Melite l'a suiuy! que dis-tu misérable?

CLITON.

Monsieur, il est tout vray, le moment déplorable
Qu'elle à sçeu son trespas, à terminé ses iours.

ERASTE.

Ha Ciel! s'il est ainsi

CLITON.

    Laissez-la ces discours,
Et vantez-vous plustost que par vostre imposture
Ce pair d'amans sans pair est sous la sepulture,
Et que vostre artifice a mis dans le tombeau
Ce que le monde auoit de parfaict & de beau.

ERASTE.

Tu m'oses donc flatter, & ta sottise estime
M'obliger en taisant la moitié de mon crime?
Est-ce ainsi qu'il te faut n'en parler qu'à demy?
Acheue tout d'vn trait, d'y que maistresse, amy,

       O

MELITE.

Tout ce que ie cheris, tout ce qui dans mon ame
Sceut iamais allumer vne pudique flame,
Tout ce que l'amitié me rendit precieux,
Par ma fraude à perdu la lumiere des cieux :
Dy que i'ay violé les deux loix les plus sainctes
Qui nous rendent heureux par leurs douces côtraintes,
Dy que i'ay corrompu, d'y que i'ay suborné,
Falsifié, trahy, seduit, assassiné,
Que i'ay toute vne ville en larmes conuertie,
Tu n'en diras encor que la moindre partie.
Mais quel ressentiment ! quel puissant desplaisir !
Grands dieux, & peuuent-ils iusque-là nous saisir
Qu'vn pauure amât en meure, et qu'vne aspre tristesse
Reduise au mesme point aprés luy sa maistresse ?

CLITON.

Tous ces discours ne font.

ERASTE.

                    Laisse agir ma douleur.
Traistre, si tu ne veux attirer ton malheur,
Interrompre son cours, c'est n'aymer pas ta vie.
La mort de son Tircis me l'a doncques rauie,
Ie ne l'auois pas sceu, Parques, iusqu'à ce iour
Que vous releuassiez de l'empire d'amour,
I'ignorois qu'aussi-tost qu'il assemble deux ames
Il vous peust commander d'vnir aussi leurs trames,

I'ignorois que pour eſtre exemptes de ſes coups
Vous ſouffriſſiés qu'il priſt vn tel pouuoir ſur vous.
Vous en releuez donc, & vos cizeaux barbares
Tranchent comme il luy plaiſt les choſes les plus rares?
Vous en releuez donc, & pour le flatter mieux
Vous voulez comme luy ne vous ſeruir point d'yeux:
Mais ie m'en prends à vous, & ma funeſte ruſe
Vous imputant ces maux, ſe baſtit vne excuſe,
I'oſe vous en charger, & i'en ſuis l'inuenteur,
Et ſeul de ſes malheurs le deteſtable autheur,
Mon courage au beſoin ſe trouuant trop timide
Pour attaquer Tirſis autrement qu'en perfide
Ie fis à mon deffaut combattre ſon ennuy,
Son deuil, ſon deſeſpoir, ſa rage contre luy.
Helas! & falloit-il que ma ſupercherie
Tournaſt ſi laſchement ſon amour en furie?
Falloit-il, l'aueuglant d'vne indiſcrette erreur
Contre vne ame innocente allumer ſa fureur?
Falloit-il le forcer à dépeindre Melite
Des infames couleurs d'vne fille hipocrite?
Inutiles regrets, repentirs ſuperflus
Vous ne me rendez pas Melite qui n'eſt plus,
Vos mouuemens tardifs ne la font pas reuiure,
Elle a ſuiuy Tirſis, & moy ie la veux ſuiure:
Il faut que de mon ſang ie luy face raiſon,
Et de ma ialouſie, & de ma trahiſon,

Et que par ma main propre, vn iuste sacrifice
De mon coulpable chef vange mon artifice.
Auançons donc, allons sur cét aymable corps
Esprouuer, s'il se peut, a la fois mille morts.
D'où vient qu'au premier pas ie tremble, ie chancelle ?
Mon pied qui me desdit contre moy se rebelle,
Quel murmure confus ! & qu'entends-ie hurler ?
Que de pointes de feu se perdent parmy l'air !
Les Dieux à mes forfaits ont denoncé la guerre,
Leur foudre deçoché vient de fendre la terre,
Et pour leur obeïr son sein me receuant
M'engloutit, & me plonge aux enfers tout viuant.
Ie vous entéds, gráds Dieux, c'est là bas que leurs ames
Aux champs Eliziens eternisent leurs flames,
C'est là bas qu'à leurs pieds il faut verser mon sang,
La terre a ce dessein m'ouure son large flanc,
Et iusques aux bords du styx me fait libre passage,
Ie l'apperçoy desia, ie suis sur son risage.
Fleuue, dont le sainct nom est redoutable aux Dieux,
Et dont les neuf remplis ceignent ces tristes lieux,
N è te cholere point contre mon insolence
Si i'ose auec mes cris violer ton silence :
Ce n'est pas que ie veuille, en beuuant de ton eau,
Auec mon souuenir estouffer mon bourreau,
Non, ie ne pretends pas vne faueur si grande,
Responds-moy seulement, responds à ma demande,

As tu veu ces amans ? Tirsis est-il passé ?
Melite est-elle icy ? mais que disie, insensé ?
Le pere de l'oubly dessous ceste onde noire
Pourroit-il conseruer tant soit peu de memoire ?
Mais derechef que disie ? imprudent, ie confonds
Le Lethé pesle-mesle, & ces gouffres profonds ;
Le Styx de qui l'oubly ne prit iamais naissance
De tout ce qui se passe à tant de cognoissance,
Que les Dieux n'oseroient vers luy s'estre mespris,
Mais le traistre se tait, & tenant ces esprits,
Pour le plus grand thresor de son funeste empire
De crainte de les perdre, il n'en ose rien dire.
Vous donc esprits legers, qui faute de tombeaux
Tournoyez vagabonds à l'entour de ces eaux,
A qui Caron cent ans refuse sa nacelle,
Ne m'en pourriez-vous point dõner quelque nouuelle ?
Dites, & ie promets d'employer mon credit
A vous faciliter ce passage interdit.

CLITON.

Monsieur, que faites vous ? vostre raison s'esgare,
Voyez qu'il n'est icy de Styx, ny de Tenare,
Reuenez à vous mesme.

ERASTE.

Ah ! te voyla Caron,
Despesche promptement, & d'vn coup d'auiron

Paſſe moy, ſi tu peux, iuſqu'à l'autre riuage.

CLITON.

Monſieur, r'entrez, en vous, contemplez, mon viſage,
Recognoiſſez Cliton.

ERASTE.

    Deſpeſche, vieux nocher,
Auant que ces eſprits nous puiſſent aprocher,
Ton bateau de leur poids fondroit dans les abiſmes,
Il n'en aura que trop d'Eraſte, & de ſes crimes.

CLITON.

Il vaut mieux eſquiuer, car auecque des fous
Souuent on ne rencontre a gaigner que des coups,
Si iamais vn amant fut dans l'extrauagance
Il s'en peut bien vanter auec toute aſſeurance.

ERASTE.

Il ſe iette
ſur les eſ-
paules de
Cliton,
qui l'em-
porte du
Theatre.
Tu veux donc eſchapper a l'autre bord ſans moy,
Si faut-il qu'a ton col ie paſſe malgré toy.

ACTE QVATRIESME.

❋

SCENE SEPTIESME.

PHILANDRE.

Tu al'iniurieux dont l'abſence importune
Retarde le ſuccez de ma bonne fortune,
Et qui ſçachant combien m'importe ton re-
    tour
De peur de m'obliger n'oſerois voir le iour,
As-tu ſi toſt perdu cette ombre de courage
Que te preſtoient iadis les tranſports de ta rage?
Ce bruſque mouuement d'vn eſprit forcené
Relaſche-t'il ſi toſt ton cœur effeminé?
Que deuient a preſent cette bouïllant enuie
De punir ta volage aux deſpens de ma vie?

Il ne tient plus qu'à toy que tu ne sois content,
Ton ennemy t'appelle, & ton riual t'attend,
Ie te cherche en tous lieux, & cependant ta fuite
Se rit impunément de ma vaine pourfuite.
Crois-tu laiſſant mon bien dans les mains de ta ſœur
En demeurer touſiours l'iniuſte poſſeſſeur,
Où que ma patience à la fin eſchappée
(Puis que tu ne veux pas le debattre à l'eſpée)
Oubliant le reſpect du ſexe, & tout deuoir,
Ne laiſſe point ſur elle agir mon deſeſpoir?

ACTE QVATRIESME.

SCENE HVICTIESME.

ERASTE. PHILANDRE.

ERASTE.

Est acher Ixion pour me mettre en sa
place!
Megeres, c'est a vous vne indiscrete au-
dace,
Ay-ie, prenant le front de cet audacieux,
Attenté sur le lit du monarque des Cieux?
Vous trauaillez en vain, bourrelles Eumenides,
Non, ce n'est pas ainsi qu'on punit les perfides.
Quoy! me presser encor! sus, de pieds & de mains
Essayons d'escarter ces monstres inhumains.
A mon secours, esprits, vangez vous de vos peines,
Escrasons leurs serpents, chargeons les de vos chaisnes,
Pour ces filles d'Enfer nous sommes trop puissans.

PHILANDRE.

Il semble à ces discours qu'il ayt perdu le sens,

P.

Eraſte,cher amy,quelle melancholie
Te met dans le ceruéau cet excez de folie ?

ERASTE.

Equitable Minos, grand iuge des enfers,
Voyez qu'iniuſtement on m'appreſte des fers.
Faire vn tour d'amoureux,ſuppoſer vne lettre,
Ce n'eſt pas vn forfait qu'on ne puiſſe remettre,
Il eſt vray que Tirſis en eſt mort de douleur,
Que Melite apres luy redouble ce malheur,
Que Cloris ſans amant ne ſçait à qui s'en prendre,
Mais la faute n'en eſt qu'au credule Philandre,
Luy ſeul en eſt la cauſe, & ſon eſprit leger
Qui trop facilement reſolut de changer,
Car des lettres qu'il a de la part de Melite
Autre que ceſte main n'en a pas vne eſcrite

PHILANDRE.

Ie te laiſſe impuny,perfide,tes remords
Te donnent des tourmens pires que mille morts ;
Ie t'obligerois trop de t'arracher la vie,
Et ma iuſte vengeance eſt bien mieux aſſouuie
Par les folles horreurs de ceſte illuſion.
Ah ! grands dieux ! que ie ſuis plein de confuſion !

ACTE QVATRIESME.

SCENE NEVFVIESME.

ERASTE.

Tu t'enfuis donc, barbare, & me laiſſant
en proye
A ces cruelles ſœurs, tu les combles de
ioye?
Non, non, retirez vous, Tiſiphone,
Alecton,
Et tout ce que ie voy d'officiers de Pluton,
Vous me cognoiſſez mal, dans le corps d'vn perfide
Ie porte le courage, & les forces d'Alcide,
Ie vay tout renuerſer dans ces Royaumes noirs,
Et ſaccager moy ſeul ces tenebreux manoirs,
Vne ſeconde fois le triple chien Cerbere
Vomira l'aconit en voyant la lumiere,
I'iray du fonds d'Enfer deſgager les Titans,
Et ſi Pluton s'oppoſe a ce ie pretends,

Passant deſſus le ventre à ſa trouppe mutine
I'iray d'entre ſes bras enleuer Proſerpine.

ACTE QVATRIESME.

SCENE DERNIERF.

LISIS. CLORIS.

LISIS.

N'En doute aucunement ! ton frere n'eſt
 point mort,
Mais ayant ſceu de luy ſon deplorable
 ſort
Ie voulois eſprouuer par ceſte triſte
 feinte
Si ce cœur receuant quelque legere atteinte
Deuiendroit plus ſenſible aux traits de la pitié
Qu'aux ſinceres ardeurs d'vne ſaincte amitié.

Maintenant que ie voy qu'il faut qu'on nous abuse
Affin que nous puissions découurir cette ruse
Et que Tirsis en soit de tout point esclaircy
Sois seure que dans peu ie te le rends icy,
Ma parolle sera d'vn prompt effect suyuie,
Tu reuerras bien tost ce frere plein de vie.
C'est assez que ie passe vne fois pour trompeur.

CLORIS.

Si bien qu'au lieu du mal nous n'aurons que la peur?
Le cœur me le disoit, ie sentois que mes larmes
Refusoient de couler pour de fausses alarmes,
Dont les plus furieux, & plus rudes assaux
Auoient bien de la peine à m'esmouuoir à faux.
Et ie n'estudiay ceste douleur menteuse
Qu'à cause que i'estois parfaitement honteuse
Qu'vn autre en tesmoignast plus de ressentiment.

LISIS.

Mais auec tout cela confesse franchement
Qu'vne fille en ces lieux qui perd vn frere vnique
Iusques au desespoir fort rarement se picque,
Ce beau nom d'herittere à de telles douceurs,
Qu'il deuient souuerain à consoler des sœurs.

CLORIS.

Adieu, railleur, adieu, son intherest me presse

P iij

D'aller viste d'vn mot r'animer sa maistresse,
Autrement ie sçaurois te rendre ton pacquet.

LISIS.

Et moy pareillement rabatre ton caquet.

Fin du qua-
triesme
Acte.

ACTE V.

SCENE PREMIERE.

CLITON, LA NOVRRICE.

CLITON.

IE ne t'ay rien celé, tu sçais toute l'affaire.

LA NOVRRICE.

Tu m'en as bien conté, mais se pour-
roit-il faire
Qu'Eraste eust des remords si vifs, & si pressans,
Que de violenter sa raison, & ses sens.

CLITON.

Eust-il peu, sans en perdre entierement l'vsage,
Se figurer Caron des traits de mon visage,
Et de plus me prenant pour ce vieux Nautonnier
Me payer à bons coups des droits de son denier?

LA NOVRRICE.

Plaisante illusion!

CLITON.

Mais funeste à ma teste,
Sur qui se deschargeoit vne telle tempeste
Que ie tiens maintenant à miracle euident
Qu'il me soit demeuré dans la bouche vne dent.

LA NOVRRICE.

C'estoit mal recognoistre vn si rare seruice.

ERASTE *derriere la tapisserie.*

Arrestez, arrestez poltrons.

CLITON.

Adieu, Nourrice,
Voicy ce foû qui vient, ie l'entends à la voix,

Croy

Croy que ce n'est pas moy qu'il attrappe deux fois.

LA NOVRRICE.

Et moy, quand ie deurois passer pour Proserpine,
Ie veux voir a quel point sa fureur le domine.

CLITON.

Adieu, saoule à ton dam ton curieux desir.

LA NOVRRICE.

Quoy qu'il puisse arriuer i'en auray le plaisir.

Q

❊❊❊❊❊❊❊❊❊❊❊❊❊❊❊❊❊

ACTE CINQVIESME.

❊

SCENE SECONDE.

ERASTE. LA NOVRRICE.

ERASTE. l'espée au poing.

E N vain ie les r'appelle, en vain pour
  se deffendre
La honte & le deuoir leur parlent de
  m'attendre,
Ces lasches escadrons de fantosmes af-
  freux
Cherchent leur asseurance aux cachots les plus creux,
Et se fiant à peine à la nuit qui les couure
Souhaittét soust Enfer qu'vn autre Enfer s'entrouure,
La peur renuerse tout, & dans ce desarroy
Elle saisit si bien les ombres & leur Roy,
Que se precipitant à de promptes retraittes
Tous leurs soucis ne vont qu'à les rendre secrettes.

Le bouillant Phlegeton parmy ses flots pierreux
Pour les fauoriser ne roule plus de feux :
Tisiphone tremblante, Alecton, & Megere
De leurs flambeaux puants ont esteint la lumiere,
Et tiré de leur chef les serpents d'alentour
De crainte que leurs yeux fissent quelque faux iour
Dont la foible lueur esclairant ma poursuite
A trauers ces horreurs me peust trahir leur fuite:
Æaque espouuanté se croit trop en danger,
Et fuit son criminel au lieu de le iuger :
Cloton mesme & ses sœurs à l'aspect de ma lame
De peur de tarder trop n'osant couper ma trame
A peine ont eu loisir d'emporter leurs fuseaux,
Si bien qu'en ce desordre oubliant leurs ciseaux
Charon les bras croisez dans sa barque s'estonne
D'où vient qu'apres Eraste il n'a passé personne.
Trop heureux accident, s'il auoit preuenu
Le deplorable coup du malheur aduenu ;
Trop heureux accident si la terre entrouuerte
Auant ce iour fatal eust consenty ma perte,
Et si ce que le ciel me donne icy d'accez
Eust de ma trahison deuancé le succez.
Dieux, que vous sçauez mal gouuerner vostre foudre!
N'estoit-ce pas assez pour me reduire en poudre
Que le simple dessein d'vn si lasche forfait ?
Iniustes, deuiez-vous en attendre l'effect ?

Q ij

Ah Melite, ah Tirsis! leur cruelle iustice
Aux despens de vos iours aggraue mon supplice,
Ils doutoient que l'enfer eust dequoy me punir
Sans le triste secours de ce dur souuenir.
Souuenir rigoureux de qui l'aspre torture
Deuient plus violente, & croist plus on l'endure,
Implacable bourreau, tu vas seul estouffer
Celuy dont le courage a dompté tout l'enfer.
Qu'il m'eust bien mieux valu ceder à ses furies!
Qu'il m'eust bien mieux valu souffrir ses barbaries,
Et de gré me sousmettre en acceptant sa loy
A tout ce que sa rage eust ordonné de moy!
Tout ce qu'il a de fers, de feux, de fouets, de chaisnes
Ne sont auprés de toy que de legeres peines,
On reçoit d'Alecton vn plus doux traitement,
De grace, vn peu de tresue, vn moment, vn moment,
Qu'au moins aant ma mort das ces demeures sombres
Ie puisse rencontrer ces bien-heureuses ombres;
Vse apres si tu veux de toute ta rigueur,
Et si pour m'acheuer tu manques de vigueur,

Il monstre
son espée. Voicy qui t'aydera, mais de rechef, de grace,
Cesse de me gesner durant ce peu d'espace.
Ie voy desia Melite, ah! belle ombre voicy
L'ennemy de vostre heur qui vous cherchoit icy,
C'est Eraste, c'est luy, qui n'a plus d'autre enuie
Que d'espandre à vos pieds son sang auec sa vie,

Ainſi le veut le ſort, & tout exprés les Dieux
L'ont abiſmé viuant en ces funeſtes lieux.

LA NOVRRICE.

Poúrquoy permettez-vous que ceſte freneſie
Regne ſi puiſſamment ſur voſtre fantaiſie ?
L'Enfer voit-il iamais vne telle clarté ?

ERASTE.

Auſſi ne la tient-il que de voſtre beauté,
Ce n'eſt que de vos yeux que part ceſte lumiere.

LA NOVRRICE.

Ce n'eſt que de mes yeux ! deſillez la paupiere,
Et d'vn ſens plus raſſis iugez de leur eſclat.

ERASTE.

Ils ont de verité ie ne ſçay quoy de plat,
Et plus ie vous contemple, & plus ſur ce viſage
Ie m'eſtonne de voir vn autre air, vn autre âge,
Je ne recognoy plus aucun de vos attraits,
Iadis voſtre nourrice auoit ainſi les traits,
Le front ainſi ridé, la couleur ainſi bleſme,
Le poil ainſi griſon, ô Dieux ! c'eſt elle meſme.
Nourrice, & qui t'ameine en ces lieux pleins d'effroy ?
Y viens-tu rechercher Melite comme moy ?

LA NOVRRICE.

Cliton la vit pasmer, & se broüilla de sorte
Que la voyant si pasle illa creut estre morte,
Cet estourdy trompé vous trompa comme luy,
Au reste elle est viuante, & peut-estre auiourd'huy
Tirsis, de qui la mort n'estoit qu'imaginaire,
De sa fidelité receura le salaire,

ERASTE.

Desormais donc en vain ie les cherche icy bas,
En vain pour les trouuer ie rends tant de combats,

LA NOVRRICE.

Vostre douleur vous trouble & forme des nuages
Qui seduisent vos sens par de fausses images,
Cet enfer, ces combats, ne sont qu'illusion.

ERASTE.

Ie ne m'abuse point, i'ay veu sans fiction
Ces monstres terrassez, se sauuer à la fuite,
Et Pluton de frayeur en quitter la conduite.

LA NOVRRICE.

Peut-estre que chacun s'enfuyoit deuant vous

Craignant voſtre fureur & le poids de vos coups,
Mais voyez ſi l'Enfer reſſemble à ceſte place,
Ces murs, ces baſtimens ont-il la meſme face ?
Le logis de Melite & celuy de Cliton
Ont-il quelque raport à celuy de Pluton ?
Quoy ? ny remarquez-vous aucune difference ?

ERASTE.

De vray ce que tu dis à beaucoup d'apparence,
Depuis ce que i'ay ſceu de Melite & Tirſis,
Ie ſens que tout à coup mes regrets adoucis
Laiſſent en liberté les reſſorts de mon ame :
Ma raiſon par ta bouche a receu ſon Dictame,
Nourrice, pren le ſoin d'vn eſprit eſgaré,
Qui s'eſt d'auecques moy ſi long temps ſeparé,
Ma gueriſon dépend de parler à Melite.

LA NOVRRICE.

Differez pour le mieux vn peu ceſte viſite,
Tant que maiſtre abſolu de voſtre iugement
Vous ſoyez en eſtat de faire vn compliment :
Voſtre teint & vos yeux n'ont rien d'vn homme ſage,
Donnez vous le loiſir de changer de viſage
Nous pouruoirons aprés au reſte en ſa ſaiſon.

ERASTE.

Uien donc m'accompagner iusques en ma maison,
Car si ie te perdois, vn seul moment de veüe
Ma raison aussi tost de guide despourueüe
M'eschapperoit encor.

LA NOVRRICE.

Allons, ie ne veux pas
Pour vn si bon subjet vous espargner mes pas.

ACTE CINQVIESME.

SCENE TROISIESME.

CLORIS. PHILANDRE.

CLORIS.

Ne m'importune plus, Philandre, ie t'en
    prie,
Me rappaiser iamais passe ton industrie,
Ton meilleur, ie t'asseure, est de n'y plus
    penser,
Tes protestations ne font que m'offencer,
Sçauante à mes despens de leur peu de durée
Ie ne veux point en gage vne foy pariurée,
Ie ne veux point d'vn cœur, qu'vn billet aposté
Peut resoudre aussi tost à la desloyauté.

PHILANDRE.

Ah, ne remettez plus dedans vostre memoire

R

L'indigne souuenir d'vne action si noire,
Et pour rendre à iamais nos premiers vœux contens
Estouffes ennemy du pardon que i'attends.
Ma maistresse, mon heur, mon soucy, ma chere ame.

CLORIS.

Laisse là desormais ces petits mots de flame,
Et par ces faux tesmoings d'vn feu mal allumé
Ne me reproche plus que ie t'ay trop aymé,

PHILANDRE.

De grace redonnez à l'amitié passée
Le rang que ie tenois dedans vostre pensée:
De rechef ma Cloris, par ces doux entretiens,
Par ces feux qui voloient de vos yeux dans les miens,
Par mes flames iadis si bien recompensées
Par ces mains si souuent dans les miennes pressées,
Par ces chastes baisers qu'vn amour vertueux
Accordoit aux desirs d'vn cœur respectueux,
Par ce que vostre foy me permettoit d'attendre,

CLORIS.

C'est ou doresnauant tu ne dois plus pretendre,
Ta sottise m'instruit, & par la ie voy bien
Qu'vn visage commun, & faict comme le mien
N'a point assez d'appas, ny de chaisne assez forte,

Pour tenir en deuoir vn homme de ta sorte,
Melite a des attraits qui sçauent tout dompter,
Mais elle ne pourroit qu'à peine t'arrester:
Il te faut vn subjet qui la passe, ou l'esgale,
C'est en vain que vers moy ton amour se rauale,
Fay luy, si tu m'en crois, agréer tes ardeurs,
Ie ne veux point deuoir mon bien à ses froideurs.

PHILANDRE.

Ne me déguisez rien, vn autre a pris ma place,
Vne autre affection vous rend pour moy de glace.

CLORIS.

Aucun iusqu'à ce point n'est encor paruenu,
Mais ie te changeray pour le premier venu.

PHILANDRE.

Tes desdains outrageux espuisent ma souffrance,
Adieu, ie ne veux plus auoir d'autre esperance
Sinon qu'vn iour le ciel te fera ressentir
De tant de cruautez, le iuste repentir.

CLORIS.

Adieu, Melite et moy nous aurons dequoy rire
De tous les beaux discours que tu me viens de dire:
Que luy veux-tu mander?

R ij

PHILANDRE.

Va, dy luy de ma part
Qu'elle, ton frere, & toy recognoistrez trop tard
Ce que c'est que d'aigrir vn homme de courage.

CLORIS.

Sois seur de ton costé que ta fougue & ta rage
Et tout ce que iamais nous entendrons de toy
Fournira de risée, elle mon frere, & moy.

ACTE CINQVIESME.

SCENE QVATRIESME.

TIRCIS. MELITE.

TIRCIS.

MAintenant que le fort attendry par nos
plaintes
Comble noſtre eſperance , & diſſipe nos
craintes,
Que nos contentemens ne ſont plus tra=
uerſez,
Que par le ſouuenir de nos trauaux paſſez,
Chaſſons le, ma chere ame, à force de carreſſes,
Ne parlons plus d'ennuys, de tourmens, de triſteſſes,
Et changeons en baiſers ces traits d'œil langoureux
Qui ne font qu'irriter nos deſirs amoureux.
Adorables regards , fidelles interpretes

R iij

Par qui nous expliquions nos paßions secrettes,
Je ne puis plus cherir voſtre foible entretien
Plus heureux ie souſpire apres vn plus grand bien,
Vous eſtiez bons iadis quand nos flames naiſſantes
Priſoyent, faute de mieux, vos douceurs impuiſſantes,
Mais au point ou ie ſuis ce ne ſont que reſueurs
Qui vous peuuent tenir pour exquiſes faueurs,
Il faut vn aliment plus ſolide à nos flames
Par où nous vnißions nos bouches & nos ames.
Mais tu ne me dis mot, ma vie, & quels ſoucis
T'obligent à te taire auprés de ton Tirſis?

MELITE.

Tu parles à mes yeux, & mes yeux te reſpondent,

TIRCIS.

Ah! mon heur, il eſt vray, ſi tes deſirs ſecondent
Cet amour qui paroit & brille dans tes yeux,
Je n'ay rien deſormais à demander aux Dieux.

MELITE.

Tu t'en peux aſſeurer, mes yeux ſi pleins de flame
Suyuent l'inſtruction des mouuemens de l'ame,
On en a veu l'effect, lors que ta fauſſe mort
Fit deſſus tous mes ſens vn veritable effort,

On en a veu l'effect quand te sçachant en vie
De reuiure auec toy ie pris aussi l'enuie,
On en a veu l'effect lors qu'à force de pleurs
Mon amour, & mes soings aidez de mes douleurs
Ont fleschy la rigueur d'vne mere obstinée.
Luy faisant consentir nostre heureux Hymenée,
Si bien qu'à ton retour ta chaste affection
Nous trouue toutes deux à sa deuotion
Et cependant l'abord des lettres d'vn faussaire
Te sçeust persuader tellement le contraire,
Que sans vouloir m'entendre & sans me dire adieu,
Furieux, enragé tu partis de ce lieu.

TIRCIS.

Mon cœur, i'en suis honteux, mais songe que possible
Si i'eusse moins aymé, i'eusse esté moins sensible,
Qu'vn iuste desplaisir ne sçauroit escouter
La voix de la raison qui vient pour le dompter,
Et qu'apres des transports de telle promptitude
Ma flame ne te laisse aucune incertitude.

MELITE.

Foible excuse pourtant, n'estoit que ma bonté
T'en accorde vn oubly sans l'auoir merité,
Et que tout criminel tu m'es encor aimable.

MELITE.

TIRCIS.

Ie me tiens donc heureux d'auoir esté coupable,
Puis que l'on me r'appelle au lieu de me bannir,
Et qu'on me recompense au lieu de me punir.

MELITE.

Mais apprends moy l'autheur de ceste perfidie.

TIRCIS.

Ie ne sçay qu'elle main pût estre assez hardie.

ACTE CINQVIESME.

SCENE CINQUIESME.

CLORIS. TIRCIS. MELITE.

CLORIS.

L vous fait fort bon voir mon frere à
  caioller
Cependant qu'vne sœur ne se peut consoler,
Et que le triste ennuy d'vne attente in-
  certaine
Touchant vostre retour la tient encor en peine.

TIRCIS.

L'amour à faict au sang vn peu de trahison,
Mais deux ou trois baisers t'en feront la raison.
Que ce soit toutesfois, mon cœur, sans te desplaire.

CLORIS.

Les baisers d'vne sœur satisfont mal vn frere,
Adresse mieux les tiens vers l'obiect que ie voy.

S

TIRCIS.

De la part de ma sœur reçoy donc ce renuoy.

MELITE.

Receuoir le refus d'vn autre ! a Dieu ne plaise.

TIRCIS.

Refus d'vn autre, ou non, il faut que ie te baise,
Et que dessus ta bouche vn prompt redoublement
Me vange des longueurs de ce retardement.

CLORIS.

A force de baiser vous m'en feriez enuie,
Trefue.

TIRCIS.

Si nostre exemple à baiser te conuie
Va trouuer ton Philandre auec qui tu prendras
De ces chastes plaisirs autant que tu voudras.

CLORIS.

A propos ie venois pour vous en faire vn conte.
Sçachez donc que si tost qu'il a veu son mesconte,
L'infidelle ma faict tant de nouueaux sermens
Tant d'offres, tant de vœux, & tant de complimens
Meslez de repentirs,

MELITE.

Qu'à la fin exorable
Vous l'auez regardé d'vn œil plus fauorable ?

CLORIS.

Vous deuinez fort mal.

TIRCIS.

Quoy ? tu l'as desdaigné ?

CLORIS.

Au moins tous ses discours n'ont encor rien gagné.

MELITE.

Si bien qu'à n'aymer plus vostre dépit s'obstine ?

CLORIS.

Non pas cela du tout, mais ie suis assez fine,
Pour la premiere fois il me dupe qui veut,
Mais pour vne seconde il m'attrape qui peut.

MELITE.

Qu'inferez-vous par-là ?

CLORIS.

Que son humeur volage
S ij

Ne me tient pas deux fois en vn mesme passage;
En vain dessous mes foix il reuient se ranger,
Il m'est auantageux de l'auoir veu changer
Parauant que l'hymen d'vn ioug inseparable
Me sousmettant à luy me rendist miserable:
Qu'il cherche femme ailleurs, & pour moy de ma part
I'attendray du destin quelque meilleur hazard.

MELITE.

Mais le peu qu'il voulut me rendre de seruice
Ne luy doit pas porter vn si grand preiudice.

CLORIS.

Apres vn tel faux-bond, vn change si soudain,
A volage, volage, & desdain pour desdain.

MELITE.

Ma sœur, ce fut pour moy qu'il oza s'en desdire.

CLORIS.

Et pour l'amour de vous ie n'en feray que rire.

MELITE.

Et pour l'amour de moy vous luy pardonnerez.

CLORIS.

Et pour l'amour de moy vous m'en dispenserez.

MELITE.

Que vous estes mauuaise !

CLORIS.

Vn peu plus qu'il ne vous semble.

MELITE.

Si vous veux-ie pourtant remettre bien ensemble.

CLORIS.

Ne l'entreprenez-pas, possible qu'apres tout
Vostre dexterité n'en viendroit pas à bout.

ACTE CINQVIESME.

SCENE DERNIERE.

TIRCIS. NOVRRICE. ERASTE.

MELITE. CLORIS.

TIRCIS.

DE grace mon soucy, laissons ceste causeuse,
Qu'elle soit à son choix facile, ou rigoureuse,
L'excez de mon ardeur ne sçauroit consentir
Que ces friuoles soings te viennent diuertir :
Tous nos pensers sont deubs à ces chastes delices
Dont le ciel se prepare à borner nos supplices,
Le terme en est si proche, il n'attend que la nuit,
Voy qu'en nostre faueur desia le iour s'enfuit,

Que defia le Soleil en cedant a la brune
Defrobbe tant qu'il peut fa lumiere importune,
Et que pour luy donner mefmes contentemens
Thetis court audeuant de fes embraffemens.

LA NOVRRICE.

Voy toy mefme vn riual qui la main à l'efpée
Vient quereller fa place a faux tiltre occupée,
Et ne peut endurer qu'on enleue fon bien
Sans l'acheter au pris de fon fang, ou du tien.

MELITE.

Retirons nous, mon cœur.

TIRCIS.

Es-tu laffé de viure?

CLORIS.

Mon frere, arreftez vous.

TIRCIS.

Voicy qui t'en deliure,
Parle tu n'as qu'a dire.

ERASTE. à Melite.

Vn pauure criminel

A qui l'aspre rigueur d'vn remords eternel
Rend le iour odieux, & faict naistre l'enuie
De sortir de torture en sortant de la vie,
Vous apporte auiourd'huy sa teste à l'abandon,
Souhaitant le trespas à l'esgal du pardon.
Tenez donc, vengez-vous de ce traistre aduersaire,
Vangez-vous de celuy dont la plume faussaire
Des vnit d'vn seul trait Melite de Tirsis,
Cloris d'auec Philandre.

MELITE. à Tirsis.

　　　　　　　　　　　A ce conte esclaircis
Du principal subiect qui nous mettoit en doute
Qu'és tu d'aduis mon cœur de luy respondre ?

TIRCIS.

　　　　　　　　　　　　　　Escoute
Quatre mots à quartier.

ERASTE.

　　　　　　　　　　　Que vous auez de tort
De prolonger ma peine en differant ma mort !
Viste, despeschez vous d'abreger mon suplice,
Ou ma main preuiendra vostre lente iustice.

MELITE.

Voyez comme le ciel a de secrets ressorts

　　　　　　　　　　　　　　　　　Pour

Pour se faire obeir malgré nos vains efforts;
Vostre fourbe inuentée à dessein de nous nuire
Auance nos amours au lieu de les destruire,
De son fascheux succez dont nous deuions perir
Le sort tire vn remede afin de nous guerir.
Donc pour nous reuancher de la faueur receüe
Nous en aymons l'autheur à cause de l'issue,
Obligez desormais de ce que tour à tour
Nous nous sommes rendus tant de preuues d'amour,
Et de ce que l'excez de ma douleur amere
A mis tant de pitié dans le cœur de ma mere
Que ceste occasion prise comme aux cheueux
Tirsis n'a rien trouué de contraire à ses vœux:
Outre qu'en faict d'amour la fraude est legitime,
Mais puis que vous voulez la prendre pour vn crime,
Regardez acceptant le pardon ou l'oubly,
Par ou vostre repos sera mieux estably.

ERASTE.

Tout confus, & honteux de tant de courtoisie
Ie veux doresnauant cherir ma ialousie
Et puis que c'est de là que vos felicitez

LA NOVRRICE à Eraste.

Quittez ces complimens qu'il n'ont pas meritez,
Ils ont tous deux leur conte, & sur ceste asseurance

T

Ils tiennent le paſſé de dans l'indifference,
N'oſant ſe haʒarder à des reſſentimens
Qui donneroient du trouble à leurs contentemens.
Mais Cloris qui s'en taiſt vous la gardera bonne,
Et ſeule intereſſée, à ce que ie ſoupçonne,
Sçaura bien ſe vanger ſur vous à l'aduenir
D'vn amant eſchappé qu'elle penſoit tenir.

ERASTE à Cloris.

Si vous pouuiez ſouffrir qu'en voſtre bonne grace
Celuy qui l'en tira peuſt entrer en ſa place
Eraſte qu'vn pardon purge de tous forfaits
Eſt preſt de reparer les torts qu'il vous à faiɕs :
Melite reſpondra de ſa perſeuerance,
Jl ne l'a peu quitter qu'en perdant l'eſperance,
Encor auez vous veu ſon amour irrité
Faire d'eſtranges coups en cêſte extremité,
Et c'eſt auec raiſon que ſa flame contrainte
De reduire ſes feux dans vne amitié ſainɕe,
Ses amoureux deſirs vers elle ſuperflus
Tournent vers la beauté quelle cherit le plus.

TIRSIS.

Que t'en ſemble, ma ſœur ?

CLORIS.

Mais toy-meſme mon frere ?

TIRSIS.

Tu fçais bien que iamais ie ne te fus contraire.

CLORIS.

Tu fçais qu'en tel fubiect ce fut toufiours de toy.
Que mon affection voulut prendre la loy.

TIRSIS.

Bien que dedans tes yeux tes fentimens fe lifent
Tu veux qu'auparauant les miens les autorifent,
Excufable pudeur, foit donc, ie le confens
Trop feur que mon aduis s'accommode à ton fexs.
Facent les puiffans Dieux que par cefte alliance
Il ne refte entre nous aucune deffiance
Et que m'aymant en frere, & ma maiftreffe en fœur
Nos ans puifent couler auec plus de douceur.

Il parle à Erafte & luy baille la main de Cloris,

ERASTE.

Heureux dans mon malheur c'eft dont ie les fupplie,
Mais ma felicité ne peut eftre accomplie
Iufqu'à ce que ma belle apres vous m'ait permis
D'afpirer à ce bien que vous m'auez promis.

CLORIS.

Aymez moy feulement, & pour la récompenfe
T ij

On me donnera bien le loifir que i'y penfe.

TIRSIS.

Ouy iufqu'à cefte nuit, qu'enfemble ainfi que nous
Vous goufterez d'Hymen les plaifirs les plus doux.

CLORIS.

Ne le prefumes pas, ie veux apres Philandre
L'efprouuer tout du long de peur de me mefprendre.

LA NOVRRICE.

Mais de peur qu'il n'en face autant que l'autre à faict
Attache-le d'vn nœud qui iamais ne deffaict.

CLORIS.

Vous prodiguez en vain vos foibles artifices,
Ie n'ay receu de luy, ny deuoirs, ny feruices.

MELITE.

C'eft bien quelque raifon, mais ceux qu'il m'a rendus
Il ne les faut pas mettre au rang des pas perdus.
Ma fœur, acquite-moy d'vne recognoiffance
Dont vn deftin meilleur ma mife en impuiffance,
Accorde cefte grace à nos iuftes defirs.

LA NOVRRICE.

Tu ferois mieux de dire à fes propres plaifirs.

ERASTE.

Donne₂ à leurs souhaits, donnez à leurs prieres,
Donnez à leurs raisons ces faueurs singulieres,
Et dans vn point ou gist tout mon contentement
Comme par tout ailleurs suiuez leur iugement.

CLORIS.

En vain en ta faueur chacun me sollicite,
I'en croiray seulement la mere de Melite,
Ayant eu son aduis sans craindre vn repentir
Ton merite & sa foy m'y feront consentir.

TIRSIS.

Entrons-donc & tandis que nous irons le prendre
Nourrice, va t'offrir pour nourrice à Philandre.

LA NOVRRICE.

Là là, n'en riez point, autres fois en mon temps
D'aussi beaux fils que vous estoient assez contents,
Et croyoient de leur peine auoir trop de salaire
Quand ie quittois vn peu mon desdain ordinaire.
A leur conte mes yeux estoient de vrais soleils
Qui respandoient par tout des rayons nompareils,
Ie n'auois rien en moy qui ne fut vn miracle,
Vn seul mot de ma part leur estoit vn oracle,

Mais ie parle à moy seule, amoureux, qu'est-cecy?
Vous estes bien pressez, de me laisser ainsi.
Allez, ie vay vous faire à ce soir telle niche
Qu'au lieu de labourer, vous lairrez tout en friche.

Fin du Cin-
quiesme &
dernier
Acte.

www.ingramcontent.com/pod-product-compliance
Lightning Source LLC
Chambersburg PA
CBHW050006100426
42739CB00011B/2521